HISTORIADORES
PELA DEMOCRACIA

O GOLPE DE 2016: A FORÇA DO PASSADO

CONSELHO EDITORIAL

Ana Paula Torres Megiani

Eunice Ostrensky

Haroldo Ceravolo Sereza

Joana Monteleone

Maria Luiza Ferreira de Oliveira

Ruy Braga

HISTORIADORES PELA DEMOCRACIA

O GOLPE DE 2016: A FORÇA DO PASSADO

ORGANIZADORAS
Hebe Mattos
Tânia Bessone
Beatriz G. Mamigonian

Copyright © 2016 Hebe Mattos, Tânia Bessone e Beatriz G. Mamigonian

Grafia atualizada segundo o Acordo Ortográfico da Língua Portuguesa de 1990, que entrou em vigor no Brasil em 2009.

Edição: Haroldo Ceravolo Sereza
Assistente acadêmica: Bruna Marques
Editora assistente: Cristina Terada Tamada
Projeto gráfico e diagramação: Dafne Ramos
Revisão: Sandra Frank
Capa: André de Castro

CIP-BRASIL. CATALOGAÇÃO-NA-FONTE
SINDICATO NACIONAL DOS EDITORES DE LIVROS, RJ

H58

Historiadores pela democracia : o golpe de 2016 e a força do passado
Organização Hebe Mattos, Tânia Bessone, Beatriz G. Mamigonian. - 1. ed.
São Paulo : Alameda, 2016.
284 p. : il. ; 21 cm

Inclui bibliografia e índice
ISBN 978-85-7939-408-9

1. Brasil - Política econômica. 2. Brasil - Política e governo -2016. 3. Desenvolvimento econômico. I. Mattos, Hebe. II. Bessone, Tânia. III. Mamigonian, Beatriz G.

16-35040   CDD: 338.0981
                 CDU: 338.1(81)

ALAMEDA CASA EDITORIAL
Rua 13 de Maio, 353 – Bela Vista
CEP 01327-000 – São Paulo, SP
Tel. (11) 3012-2403
www.alamedaeditorial.com.br

SUMÁRIO

09 Introdução: Os historiadores e o golpe de 2016
Hebe Mattos, Tânia Bessone, Beatriz G. Mamigonian

13 **PARTE I: ANTECEDENTES**

15 *Das jornadas de junho à sabotagem do segundo mandato de Dilma*

19 Os riscos do vice-presidencialismo
Luiz Felipe de Alencastro

23 O ano em que minha família saiu de férias
André Honor

29 Olhemos o que se oculta por trás do tapete do jogo midiático e político!
Luiz Carlos Villalta

33 O gigante
Hebe Mattos

37 A "velha corrupção": carta aberta aos jovens sobre as eleições
Sidney Chalhoub

41 A FIESP e a revolução dos patos
Joana Monteleone

45 Parte II: A crônica do golpe no olhar do historiador

47 *Março de 2016: o golpe jurídico e midiático*

49 Dois domingos, com duzentos anos de intervalo
Beatriz G. Mamigonian

57 A crise brasileira, em perspectiva histórica
Marcos Napolitano

67 A História como hiperficção
Sidney Chalhoub

71 A justiça burguesa
Anna Gicelle Garcia Alaniz

77	**Um juiz da roça** André Machado
83	**Desfaçatez de classe** Sidney Chalhoub
89	**O Brasil à beira do abismo de novo** Rodrigo Patto Sá Motta
101	*Abril de 2016: o golpe parlamentar*
107	**Homenagem do vício à virtude** Hebe Mattos
113	**Brasil despedaçado** Fernanda Sposito
117	**O ódio como marca e a encruzilhada da democracia no Brasil** Ana Flávia Magalhães Pinto
123	**Manifestação da Anpuh Nacional contra a votação do impeachment na Câmara dos Deputados**
125	**A insurreição dos hipócritas. Base social e ideologia** Sidney Chalhoub
133	**Ustra, morto e vivo** Caroline Silveira Bauer
137	*Maio de 2016: a tomada do poder?*
139	**Nem decorativo, nem decoroso** Carlos Fico
143	**Entrevista com Laymert Garcia dos Santos**
155	**Brasil: passado e presente e ironias da história** James N. Green
159	**Treze de maio: Conversa de historiadoras**
	159 **Uma data para refletir e celebrar** Hebe Mattos
	161 **Treze de maio também é dia de negro!** Ana Flávia Magalhães Pinto
	164 **É uma questão política, como insiste o orador** Keila Grinberg
	165 **Sexta-feira 13 (de maio)** Giovana Xavier
	168 **O 13 de maio e os olhos do mundo** Mônica Lima
	169 **Festas de 13 de maio** Martha Abreu

173	Carta aberta ao embaixador Michael Fitzpatrick James Green
181	Brasil: virando as costas ao futuro por James N. Green e Renan Quinalha
187	A democracia mínima e o risco da crise brasileira Luiz Fernando Horta
193	"Pensamento brasileiro" na encruzilhada Henrique Espada Lima
203	O cavalo de Troia do parlamentarismo Luiz Felipe de Alencastro
207	**PARTE III: HISTORIADORES PELA DEMOCRACIA**
209	*O governo interino avança e recua*
211	Os historiadores e a Presidenta. Carta aberta a Dilma Rousseff Hebe Mattos
217	Carta à Presidenta Adriana Facina
219	Historiadores no Alvorada Wlamyra Albuquerque
221	Manifesto Historiadores pela Democracia
223	Mais respeito com a biografia dos outros, pessoal Keila Grinberg
225	O ofício do historiador e os formadores de quadrilha Silvia Hunold Lara
229	Carta aberta ao *Estado de São Paulo*, em resposta ao editorial de 14 de junho de 2016 Suzette Bloch e Fernando Nicolazzi
235	"Escola sem partido": a escola do nosso tempo? Henrique Estrada Rodrigues
245	A força do passado Hebe Mattos
247	**PARTE IV: O GOLPE DE 2016: PRIMEIRAS INTERPRETAÇÕES**
249	*O governo interino e a disputa pelo lugar do Brasil no mundo*
251	O golpe de 2016 na vida das mulheres Ana Flávia Cernic Ramos e Glaucia Fraccaro
257	Entre 2013 e 2016, das "jornadas de junho" ao golpe Kátia Gerab Baggio

271   No Brasil, o golpe de Estado como dramaturgia clássica
         Laurent Vidal
275   ANEXO - Tumblr Historiadores pela Democracia: depoimentos em video, com mensagens à Presidenta Dilma Rousseff e em defesa do Estado democrático de direito
281   Autores

INTRODUÇÃO
OS HISTORIADORES E O GOLPE DE 2016

*Hebe Mattos, Tânia Bessone,
Beatriz G. Mamigonian,
28/07/2016*

> Sugiro como marco inicial desse novo regime que não sabemos o nome, o dia 17 de abril de 2016, o dia da infâmia. Depois faremos outras periodizações. A do terror, por exemplo.
>
> Tânia Bessone, 4 de maio de 2016.

O livro Historiadores pela democracia: o golpe de 2016 e a força do passado é um exercício de história imediata construído a partir da seleção e organização em ordem cronológica, de textos, entrevistas e depoimentos de historiadores e cientistas sociais produzidos, em sua maior parte, no calor do processo da atual crise política brasileira.

Os textos nos fazem reviver a dramaticidade e as polêmicas em torno da condução coercitiva do ex-presidente Lula, da divulgação dos grampos da presidenta Dilma e do espetáculo midiático com apelo a manifestações das ruas. Também contrariam as tentativas de silenciar a resistência contra o golpe e denunciam o crescimento de expressões de ódio, refletidos no muro em Brasília e no espetáculo grotesco da sessão de 17 de abril da Câmara dos Deputados. Expressam ainda a tristeza e a sensação de volta ao passado do 13 de maio de 2016.

Os olhares sobre a crise aqui registrados são, antes de mais nada, plurais, mas guardam um denominador comum: a convicção, construída a partir de um raciocínio historiográfico, de que nossa democracia corre risco.

O movimento Historiadores Pela Democracia surgiu em abril de 2016 com o objetivo imediato de colher depoimentos em vídeo, cresceu como um grupo de discussões no Facebook (hoje com mais de 8 mil membros) e cristalizou-se com a iniciativa de visitar a presidenta Dilma no Palácio do Alvorada, encontro que se deu no dia 7 de junho e para o qual foi elaborado um vídeo-manifesto.

Reunindo historiadores com carreira consolidada nacional e internacionalmente e jovens profissionais de história, o movimento não pretende representar todos os profissionais da área, divididos politicamente como expressão que são da sociedade brasileira.

Uma parcela significativa de nós, entretanto, enquanto profissionais de história, sentimo-nos na obrigação de denunciar o golpe em curso, tomando por base nossa experiência de pesquisa e os problemas que formulamos para interrogar o passado.

Cabe lembrar que a diretoria da Associação Nacional de História (ANPUH), com apoio de seus membros, tem se manifestado frequentemente contra atos que comprometem o exercício de uma democracia plena no Brasil e, como afirmou sua representante no encontro do Alvorada, continuará fiel ao compromisso de denunciar e repudiar qualquer ameaça aos direitos garantidos pela Constituição de 1988, sobretudo os que foram adquiridos recentemente pelas minorias.

Foi em encontro na UnB (Universidade de Brasília), onde nos reunimos antes da cerimônia no Alvorada no dia 7 de junho para discutir nossas angústias comuns com a conjuntura política e organizar alguma forma de resistência, que a pauta da defesa dos direitos inscritos na Constituição de 1988 se impôs como principal bandeira prática de luta. Os ataques da reação antidemocrática aos estudos de gênero e às novas noções de família, às políticas de ação afirmativa, à liberdade de ensino, bem como as tentativas de redefinir direitos indígenas e a noção de trabalho escravo contemporâneo, entre outros aspectos da agenda conservadora infelizmente têm lastro e também repercussões globais.

No encontro da UnB decidimos reunir em livro alguns textos já produzidos por historiadores profissionais sobre o processo político em curso, bem como apresentados em encontros e debates em torno do lema "nenhum direito a menos". Para tanto, selecionamos textos que permitiam compor uma crônica compreensiva dos acontecimentos, do ponto de vista histórico.

É preciso esclarecer, em tempos de louvor a pensamentos que se querem únicos, que a operação historiográfica que informa o discurso do historiador não supõe a construção de qualquer versão unívoca da história. Pelo contrário, a capacidade de formulação de novos problemas e interpretações são marcas metodológicas de nossa formação profissional. Não falamos em nome de todos os historiadores, mas falamos em sintonia com muitos deles, tomando por base nossos problemas de pesquisa específicos para interpretar os acontecimentos recentes e nos posicionarmos no atual momento político.

Uma discussão do campo de possibilidades em cada contexto específico informa muitos dos textos. Se há algo que o conjunto do livro sugere é uma surpreendente e, na maioria das vezes, indesejada capacidade de previsão. "Os riscos do vice-presidencialismo", de Luiz Felipe de Alencastro, artigo publicado em 2009, que abre a primeira parte do livro, sobre os antecedentes do golpe, é apenas o exemplo mais expressivo dessa característica. Os textos dessa parte reúnem também declarações explícitas de voto às vésperas do segundo turno das eleições de 2014, momento em que estava explícito o contraste entre diferentes projetos de nação. Um aspecto central do ataque à democracia em curso é justamente a cassação dos mais de 54 milhões de votos que legitimaram o mandato presidencial de Dilma Rousseff e a implantação do projeto derrotado nas urnas.

Na segunda parte da obra, optamos por textos que compõem uma crônica viva e compreensiva da teia factual que resultou no momento dramático que ainda estamos vivendo. Nela, a formulação de que há um golpe parlamentar, jurídico e midiático em curso ganha contornos concretos, com atores e ação específicos.

A campanha pelo impeachment liderada por adversários políticos da presidenta eleita e por representantes das mídias que, retomando sua tradição golpista, instigaram a população contra o governo, bem como a postura dos parlamentares durante a votação e a comemoração da abertura do processo deixaram evidentes a permanência de uma cultura política antidemocrática, afeita a manobras, negociações e acordos espúrios que a Nova República não foi capaz de eliminar.

Os textos produzidos no contexto da articulação do movimento Historiadores Pela Democracia compõem a terceira parte do livro.

Uma quarta e última parte reúne três abordagens interpretativas sobre os sentidos do golpe escritas às vésperas da votação do processo de impeachment no Senado Federal.

No conjunto, o livro reúne historiadores de diferentes gerações e textos originalmente publicados nas mais diversas mídias: jornais de grande circulação no Brasil e fora dele, sites de notícias, revistas virtuais, blogs e páginas pessoais no Facebook. Ele reflete os efeitos positivos de democratização do acesso à informação possibilitados pela internet no Brasil, a despeito dos novos problemas que as bolhas de opinião no mundo virtual podem ensejar. Representa, sobretudo, um esforço por quebrar essas barreiras invisíveis, potencialmente geradoras de intolerância e ódio. Convidamos os leitores a lerem o livro, que revela bem mais que a soma de suas partes e também a conferirem os vídeos e demais textos analíticos disponíveis no nosso arquivo virtual no Tumblr.

Por fim, agradecemos à Alameda Editorial que decidiu bancar o projeto e produzir o livro em tempo recorde.

28 de julho de 2016

PARTE I
ANTECEDENTES

DAS JORNADAS DE JUNHO À SABOTAGEM DO SEGUNDO MANDATO DE DILMA

2013

Junho de 2013 – *O Brasil se prepara para a Copa das Confederações.*

05 de junho – *Reportagens de Glenn Greenwald para o The Guardian com base em documentos obtidos por Edward Snowden, ex- -consultor da NSA (Agência de Segurança Nacional dos EUA), revelam extenso programa de vigilância norte-americano com monitoramento das comunicações pessoais e corporativas, tanto nos Estados Unidos quanto no exterior.*

06 a 13 de junho – *Manifestações contra o aumento da tarifa de transporte público em São Paulo, organizadas pelo Movimento Passe Livre sofrem violenta repressão da PM.*

17 e 20 de junho – *Grandes manifestações em capitais e outras cidades por melhorias nos serviços públicos, contra gastos na Copa de 2014 e contra a corrupção. Cobertura da grande mídia em tempo real, com mudança da avaliação negativa inicial e crescente apoio às manifestações. Primeiros sinais de rejeição às bandeiras de partidos políticos.*

24 de junho – *Após reuniões com ministros, governadores e prefeitos e ainda com sindicalistas, líderes de movimentos sociais e membros do Movimento Passe Livre, Dilma anuncia cinco pactos nacionais: pelo transporte público, reforma política e combate à corrupção, pela saúde pública (criação do Programa Mais*

Médicos), educação (100% dos royalties do petróleo, 50% do pré sal) e responsabilidade fiscal.

30 de junho – Após o fim da Copa das Confederações, a mídia volta a enfocar atos de violência e vandalismo das manifestações, apoiando a repressão das PMs aos manifestantes.

2 de julho – Dilma apresentou ao Congresso temas para a elaboração de plebiscito sobre a reforma política: financiamento de campanha, sistema eleitoral, coligações partidárias, fim do voto secreto no Congresso e fim da suplência de senador. O PMDB não apoiou a iniciativa, que foi rejeitada na Câmara dias depois.

1º de setembro – Reportagem do Fantástico (Rede Globo) com base em documentos da NSA revelou que os Estados Unidos monitoravam as comunicações da Presidenta Dilma e de seus assessores próximos em 2011.

8 de setembro – Nova reportagem do Fantástico revela que a Petrobrás era espionada.

24 de setembro – Presidenta Dilma critica espionagem americana em seu discurso na abertura da Assembléia Geral da ONU.

2014

Março – Deflagrada a fase ostensiva da Operação Lava Jato, que investiga a Petrobrás.

Setembro e outubro – A Lava Jato é utilizada na mídia contra Dilma na campanha eleitoral.

6 de outubro – Primeiro turno das eleições, Congresso eleito é o mais conservador desde 1988.

26 de outubro – Segundo turno das eleições presidenciais. Dilma reeleita com mais de 54 milhões de votos.

2015

1º de fevereiro – Eleição de Eduardo Cunha para a presidência da Câmara dos Deputados, com apoio da oposição a Dilma. Estratégia é de inviabilizar o governo de Dilma.

15 de março – Manifestações contra o governo de Dilma e contra a corrupção mobilizam quase um milhão de manifestantes em mais de 150 municípios brasileiros, convocados pelo Movimento Brasil Livre (MBL), Vem pra Rua, Revoltados Online, partido Solidariedade e SOS Forças Armadas.

19 de março – Senador José Serra apresenta PL 131/2015, com vistas a alterar o regime de exploração do pré-sal. Em 2010, Wikileaks havia revelado conversas de José Serra com lobistas do petróleo.

8 de abril – Votação do PL 4330/2004 na Câmara dos Deputados alcança 324 votos contra 137. O projeto de lei libera a terceirização dos contratos de trabalho para as atividades-fim das empresas. Entidades de trabalhadores denunciam a ameaça aos direitos trabalhistas.

5 de setembro – Conferência Nacional Popular em Belo Horizonte, criação da Frente Brasil Popular reunindo MST, CUT, UNE, UBES, UJS, Levante Popular da Juventude, CPT, Fórum 21, Via Campesina, Marcha Mundial das Mulheres, Movimento da Reforma Sanitária e dezenas de outros movimentos sociais. Lançamento do Manifesto ao Povo Brasileiro pregando a união em torno da defesa da democracia, soberania nacional, integração regional e combate ao neoliberalismo.

4 de novembro – Parecer favorável em Comissão Especial para a PEC 99/2011 que confere às organizações religiosas direitos restritos a determinados representantes do Estado, como o de propor Ações Diretas de Inconstitucionalidade (ADIN) ao Supremo.

11 de novembro – Instalação de CPI na Câmara para investigar a atuação da FUNAI e do INCRA na demarcação de terras indígenas e de remanescentes de quilombos.

Novembro de 2015 – Movimento de estudantes secundaristas ocupa mais de 200 escolas contra projeto de reorganização proposto pelo governo de Geraldo Alckmin e consegue recuo. Dezenas de *escolas ocupadas também em Goiás contra projeto de privatização do ensino.*

2 de dezembro – Presidente da Câmara, Eduardo Cunha, autoriza a abertura de processo de impeachment de Dilma, em retaliação ao apoio do PT ao processo de cassação de seu mandato, com base nas informações de contas não declaradas na Suíça.

13 de dezembro – Manifestação a favor do impeachment de Dilma Rousseff, com apoio da FIESP, no dia do aniversário da aprovação do Ato Institucional número 5 (AI-5), em 1968, que consolidou a ditadura civil militar no Brasil.

16 de dezembro – Manifestações reúnem indígenas em Brasília contra a PEC 215/2000 que propõe que seja exclusividade do Congresso a demarcação de terras indígenas e de remanescentes de quilombos.

André Godinho, 2013

OS RISCOS DO VICE-PRESIDENCIALISMO

Luiz Felipe de Alencastro,
25/10/2009[1]

Têm sido bastante debatidas as convergências e as complementaridades das políticas econômicas e sociais dos governos FHC e Lula.

Pouco se disse, entretanto, sobre a estabilidade institucional assegurada pelo sistema de dois turnos e pela reeleição dos dois presidentes.

A introdução dos dois turnos ofereceu vitórias incontestes aos presidentes eleitos desde 1989. Ainda quando foi decidida no primeiro turno, como em 1994 e 1998, a eleição garantiu a maioria absoluta dos votos válidos a FHC. Nem sempre foi assim: a vitória de Juscelino Kubitschek em 1955, com apenas 36% dos votos válidos, desencadeou uma campanha golpista e uma grave crise política.

Votada no Congresso sob suspeita de corrupção, em vez de ser submetida à legitimidade de um referendo nacional – como defendia, entre outros, Franco Montoro –, a emenda da reeleição superou seu aleijão de nascença e demonstrou sua viabilidade. O abandono dos projetos sobre terceiro mandato ajudou a firmar a reeleição simples no edifício político do país.

Outro ponto importante da normalização política foi a transformação do estatuto do vice-presidente. De saída, é preciso atentar para o fato de que o Brasil parece ser o único país do mundo dotado de um sistema presidencialista multipartidário, com eleição direta

---

[1] Versão original publicada no jornal *Follha de S.Paulo*.

de dois turnos, em que são eleitos conjuntamente o presidente e o vice-presidente.

No período 1946-1964, com eleições num turno único, seguia-se no Brasil a prática americana. A escolha do vice-presidente concretizava a aliança que potencializava o alcance eleitoral do candidato a presidente.

Quando o vice – eleito diretamente – tinha voo próprio, como no caso de Jango, vice-presidente de Kubitschek e de Jânio, o quadro se complicava.

Com os dois turnos, as regras do jogo mudaram. Como escreveu um autor, depois do primeiro turno, o candidato a vice-presidente é como uma bananeira que já deu cacho. Tendo atraído a maioria dos votos que poderia puxar para seu companheiro de chapa, sua atuação não ajuda a campanha do segundo turno. Mas pode atrapalhar os entendimentos com candidatos derrotados no primeiro.

Por esse motivo, a escolha do candidato a vice-presidente transformou-se numa operação delicada para os presidenciáveis. Parte do sucesso dos dois mandatos de FHC e de Lula repousa, aliás, na escolha de vice-presidentes, que cumpriram suas funções com relativa discrição e total fidelidade aos dois presidentes, antes e depois das eleições. Por caminhos tortuosos, desenhou-se uma prática política e constitucional que vem assegurando a democracia e o crescimento econômico.

A aliança entre o PT e o PMDB apresenta outra relação de forças. Caso o deputado Michel Temer venha a ser o candidato a vice-presidente na chapa da ministra Dilma Rousseff, configura-se uma situação paradoxal.

Uma presidenciável desprovida de voo próprio na esfera nacional, sem nunca ter tido um voto na vida, estará coligada a um vice que maneja todas as alavancas do Congresso e da máquina partidária peemedebista. Deputado federal há 22 anos seguidos, constituinte, presidente da Câmara por duas vezes (1997-2000 e 2009-

2010), presidente do PMDB há oito anos, Michel Temer vivenciou os episódios que marcaram as grandezas e as misérias da política brasileira.

O partido sob sua direção registra uma curiosidade histórica. Sendo há mais de duas décadas o maior partido político brasileiro, jamais logrou eleger o presidente da República. Daí a sede com que vai ao pote ditando regras ao PT e sua candidata à presidência. Já preveniu que quer participar da organização da campanha presidencial, disso e daquilo. No horizonte, desenha-se um primeiro impasse.

O peso do PMDB e a presença de Temer na candidatura a vice irão entravar, no segundo turno, a aliança de Dilma com Marina Silva, Plínio Arruda Sampaio (candidato do Psol) e as correntes de esquerda que tiverem sido derrotadas ou optado pelo voto em branco e voto nulo no primeiro turno.

Levado adiante, o impasse poderá transformar a ocupante do Alvorada em refém do morador do Palácio do Jaburu. Talvez, então, Temer tire do colete uma proposta que avançou alguns anos atrás. O voto, num Congresso aos seus pés, de uma emenda constitucional instaurando o parlamentarismo. Em outras palavras, complicada no governo Lula, a aliança PT-PMDB pode se tornar desastrosa num governo Dilma em que Michel Temer venha a ocupar o cargo de vice-presidente.

A declaração de Lula sobre a eventual aliança de Jesus e Judas deu lugar a um extravagante debate teológico. Mas a questão essencial é mais terra a terra. E só o futuro dirá se a frase de Lula terá sido uma simples metáfora ou uma funesta premonição.

O ANO EM QUE MINHA FAMÍLIA SAIU DE FÉRIAS

André Honor,
07/10/2014[1]

Ficarei fora da internet por um tempo. Hoje tive uma séria crise de ansiedade, acho. Não desejo isso a ninguém. E por isso devo me afastar. Não me fará bem ficar vendo as notícias da eleição. E antes que estranhem como alguém pode sentir isso perante eleições, deixo aqui o texto mais honesto sobre mim que já pude escrever. Traçado ontem, quando vi que a coisa poderia ficar insustentável. Deixei o *post* público, quem quiser pode copiar e colar.

João Pessoa, 7 de outubro de 2014

Escrevo aqui as minhas lembranças de um ano que explicam todo o meu sentimento. Nunca entendi por que as eleições me abalam tanto. Hoje, começo a compreender o porquê.

Sou caçula de uma família, com um irmão imprensado e uma irmã primogênita. Pai, caixa do Banco do Brasil, e mãe, dona de casa.

Sempre tivemos uma vida modesta. Morando em lugares pequenos, comprando TVs, videocassetes e sons por meio de consórcios. Até que um dia conquistamos uma casa própria, comprada com o FGTS do meu pai na cidade de Barbalha-CE. Uma casa boa, ideal para nós: três quartos.

---

1 Publicado na página pessoal do autor no Facebook.

Com muito esforço, meu pai financiou um apartamento em João Pessoa em 1995 onde minha irmã foi morar dividindo as despesas diárias com amigas e uma prima.

Eu fazia 8ª série; meu irmão, 1º ano. Os planos eram: no ano seguinte meu irmão iria morar com minha irmã e eu ficaria mais um ano com meus pais.

E veio o PDV – pedido de demissão voluntária – do governo de Fernando Henrique Cardoso. O discurso era que os caixas eletrônicos substituiriam os funcionários.

Tento agora resgatar os fatos cuja memória foi bloqueada, mas cuja dor ficou guardada. Tinha recém-completos 14 anos, soube que meu pai havia sido sorteado e que, portanto, ele teria que ou pedir demissão ou pedir transferência. Havia um prazo para isso. Não sei ao certo o que aconteceria se o prazo estourasse. Notícias vinham de suicídio de colegas de banco e funcionários que tinham sido transferidos para longe de suas famílias. Histórias mais tristes que a minha, as quais não tenho competência para narrar.

Durante dois meses meu pai trazia listas de cidades com vagas... Pará, Roraima, Santa Catarina, São Paulo, Tocantins... Cada lugar mais longe do que o outro. Toda a nossa família morando no interior, no Crato-CE, inclusive minhas duas avós. E ele lia aquelas listas, eu espiava. Brochuras de companhias de mudanças chegavam aos montes em minha casa. Uma dor que lentamente era injetada em mim. Imperceptível. Meu pai, sempre tranquilo, relutava em ir para o Sul por causa do frio e da sinusite de minha mãe. Também por causa das saudades, porque, para ele, o Crato sempre foi o seu coração.

Eu manuseava aqueles papéis e lembro que tínhamos um prazo. Meus pais tentaram ao máximo nos proteger do que ocorria. Minha irmã estava longe. Porém eu e meu irmão estávamos lá. E até hoje não sei a dor dele, nunca falamos sobre isso. Acho que ele carrega ainda mais do que eu as marcas do que aconteceu. Hoje, eu vejo que não entendia bem o que se passava, nem como aquela desumanização de uma família iria ficar gravada no meu peito.

Um dia antes do prazo estourar e irmos morar em São José dos Pinhais, no Paraná, meu pai conseguiu uma vaga em Conceição-PB... A mudança foi feita rapidamente, eu fui morar na casa da minha tia em Barbalha, meu irmão na casa da minha avó no Crato, meus pais em Conceição, minha irmã continuou em João Pessoa.

E minha mãe, a dona de casa, se viu numa cidade minúscula, sem os filhos, com o marido trabalhando o dia todo. Sozinha. Ela dizia estar ótimo lá, cheia de amigos, mas não era verdade. Ela ficava só. Até hoje digo que minha cachorrinha Lady salvou minha mãe. Ela foi a companhia quando eu não pude ser.

Ao fim do ano de 1995, eu e meu irmão fomos morar com minha irmã em João Pessoa. Tinha 14 anos. E era tudo muito cedo. Cedo demais. Alguma coisa havia se quebrado. A adolescência gritava e eu tinha de ser adulto. E assim foi. Não passávamos fome, mas lembro de um dia em que jantamos sopa de ovo e almoçamos pão com doce de leite.

Meu pai queria o que não lhe foi permitido, nem a ele, nem a minha mãe. Filhos formados. Os dois conseguiram. Hoje têm três filhos formados.

Entrei para faculdade de História em 2002. Vi uma UFPB renascer das cinzas. De falta de professores, de salas, equipamento, para uma universidade que se tornava prioridade na política educacional. Em 2006, o departamento de História rejeitou computadores porque já não necessitava. E abriram o mestrado. E surgiu o Reuni e a oportunidade do doutorado. Bolsa-sanduíche em Lisboa. Para quem nunca tinha imaginado que um dia andaria de avião, morar em Lisboa foi realizar o impensável para o terceiro filho de um funcionário comum do Banco do Brasil.

Concluí o doutorado em História em dezembro de 2013. E não creio que tenha sido mérito pessoal. Meu esforço conta, mas se não fosse a política do PT não teria tido a chance. Meu pai entrou para um programa de aposentadoria mais cedo do banco e hoje possui uma nova casa própria.

E ao lembrar tudo isso, talvez você não recorra às lágrimas como faço. Talvez não se comova com nenhuma dessas palavras. Mesmo com os dentes trincados, respeito isso. Mas nunca duvide da minha dor genuína e do fato que o PSDB desmanchou a minha família e o PT a reconstruiu nesses últimos doze anos. Desejo, do fundo do meu coração, que oxalá a sua não passe pelo que passou a minha.

Não seja ingênuo. A política move o mundo. Ninguém, nesse mundo de capitalistas, tem direito a nada. Nem mesmo oportunidades. O PT deu essa oportunidade. E é hora de reconhecermos isso, para lutarmos por mais.

Espero, pai, que no dia 26, a história de 2010 se repita. E você me ligue novamente dizendo: "Filho, eu te amo, trabalhei na vitória de Dilma por você". E quem sabe assim tu possas realizar o nosso sonho de ter um filho professor universitário. Obrigado ao PT, em especial a Dilma e Lula.

Com muito amor,

André Honor

Dedico essa carta a todas as famílias de funcionários da USP que hoje enfrentam um processo de PDV.

Post scriptum

Hoje, 12 de julho de 2016, repasso novamente meus olhos sobre o texto.

Tudo ocorreu numa terça-feira. No domingo embarcaria para Brasília para realizar as provas pro concurso de professor de História colonial da UnB. Quase não ia. Minha mãe enfrentaria doze horas de ônibus para me pôr no avião. Minha irmã viria de Natal – com toda a sua prole – apenas para me fazer embarcar. Ao me despedir de todos no aeroporto, minha mãe disse: "Vá, faça, e não se preocupe".

As mães sempre estão certas.

Mas essa é uma história para outro tipo de lágrimas.

Hoje, tenho orgulho de ser professor da Universidade de Brasília. A Universidade deixou de ser o lugar de poucos escolhidos para se tornar um veículo de transformação social. O jovem historiador que não levantou naquela manhã, hoje faz parte dessa engrenagem.

Somente o Estado democrático é capaz de proporcionar aos seus cidadãos oportunidades. Chances, que longe de serem universais, buscam olhar o ser como indivíduo. É a percepção das idiossincrasias que gera a inclusão.

O Estado de exceção generaliza, o democrático compartilha.

Lutar sempre pela democracia! Para que tantos outros país possam realizar seus sonhos.

Assim como os meus.

OLHEMOS O QUE SE OCULTA POR TRÁS DO TAPETE DO JOGO MIDIÁTICO E POLÍTICO!

Luiz Carlos Villalta,
10/10/2014[1]

A corrupção em nosso país é sistêmica e fenômeno que vem de longa data (aquilo que, em história, chamamos de longa duração). O sistema patrimonial de dominação que herdamos dos portugueses, cultivado ao longo do Império e de toda a República, reproduz-se nos dias de hoje, ironicamente tendo como protagonistas os partidos cujo nascimento deu-se exatamente contra ele: o PT e o PSDB. Isso é abominável e cria um sentimento de indignação e desesperança.

Esse sistema implica práticas de apropriação da coisa pública como bem privado e seu uso para cooptar e dominar. As relações dos diversos segmentos da sociedade brasileira, do empresariado aos sindicatos, estão imersas nesse sistema. O que se passou no metrô de São Paulo ou na Petrobrás são claros exemplos de relações e práticas patrimonialistas. A nebulosa compra do jato pelo falecido ex-governador de Pernambuco e/ou por seus parceiros políticos do PSB, idem.

Uma das principais fontes para esse sistema é o financiamento privado das campanhas eleitorais. Ele enreda políticos e empresários em relações que comportam financiamento de campanhas eleitorais e pagamentos de propinas por empresários, em troca de benesses em negócios realizados pelo Estado e pelas empresas pú-

---

[1] Publicado na página pessoal do autor no Facebook.

blicas e de economia mista, sob o controle dos seus financiados. Apadrinhados de partidos, muitas vezes sem a menor capacitação técnica, se engalfinham para ocupar cargos na administração direta e de estatais, que lhes permitem sangrá-las em benefício próprio, de partidos e de seus sócios empresariais (e/ou sindicais).

O publicitário Marcos Valério, que esteve por trás dos mensalões do PSDB e do PT, ambos nascidos em Minas Gerais, é um exemplo de empresário envolvido nesse sistema patrimonialista e nas redes de corrupção dele derivadas. Como é sabido, os dois mensalões tiveram tratamento diferenciado por parte da Justiça e mesmo da mídia. Eduardo Azeredo (ex-senador, ex-governador e ex-deputado do PSDB, em quem votei para o Senado e governo do Estado, do que hoje muito me arrependo) jaz esquecido. José Dirceu (ex-deputado e ex-ministro do PT) é sempre lembrado pela mídia, tendo sido transformado numa espécie de "bicho-papão" para o público adulto (antes que alguém venha me aborrecer, nunca tive a menor simpatia por ele!).

Hoje, quem está na crista da onda é Paulo Roberto Costa, ex-diretor da Petrobrás. Ele estava na empresa desde 1978. Ocupou cargos de direção a partir de 1995, em plena era tucana. Tal como Marcos Valério, sobreviveu à mudança do PSDB para o PT no controle do governo federal. O fato de ser um técnico de carreira pode explicar isso. Mas o fato de conhecer e envolver-se em redes de corrupção, também.

O que me chama a atenção é que, em plena campanha eleitoral, neste segundo turno, a Justiça vaze para a imprensa apenas alguns trechos da delação premiada feita por Paulo Roberto Costa, trechos que atingem quase que exclusivamente o PT e partidos coligados (PMDB e PP). O uso de denúncias pelas imprensa em época eleitoral, em benefício de determinados candidatos e em prejuízo de outros, não é fenômeno incomum. Aliás, vem de longa data. O que é mais significativo, porém, é que nada contra o PSDB, a quem serviu Paulo Roberto Costa, tenha sido vazado. Isso torna o vazamento suspeito e, mais ainda, o seu uso pela mídia. E, antes que alguém venha me aborrecer, eu estou longe de defender a "santidade do PT" e a "impureza do PSDB". Pelo contrário, creio que os dois partidos, como todos os demais, rivalizam em matéria de corrupção. O que denuncio é o tratamento diferenciado, dado pela Justiça e pela mídia, aos casos de corrupção que envolvem os dois partidos e, de resto, os demais.

Se não há "santos" em toda essa história, os verdadeiros "demônios", além disso, permanecem intocados e ocultos. Até agora, pouco vazou sobre os empresários que corrompem e, mais ainda, pouco destaque se deu para o fato de que a origem disso tudo encontra-se, em boa parte, em nosso sistema de financiamento eleitoral, que permite a empresas bancarem campanhas de políticos por vias legais, sendo pouco rigoroso com as práticas de caixa 2.

A mídia não chama a atenção para três fatos. Um primeiro: há uma Ação Direta de Inconstitucionalidade em julgamento no Supremo Tribunal Federal, com placar claramente contrário à manutenção do financiamento privado de campanhas, mas o ministro Gilmar Mendes, nomeado pelo PSDB, pediu vistas do processo e impede a conclusão de sua votação. A quem serve isso? Um segundo fato: o que fez Paulo Roberto Costa durante o governo do PSDB e, ainda, suas denúncias são verdadeiras ou não? Onde está o jornalismo investigativo para buscar esclarecer essa dúvida crucial? Um terceiro fato, o mais importante: quais são os partidos contrários ao financiamento privado de campanhas? O PT, o Psol, o PSTU e, salvo engano, parte do PSB. O PSDB é a favor da continuidade dessa praga! O PMDB (ah, esse partido...), o PP e toda a direita do espectro partidário, idem.

Tudo isso mostra que a discussão feita pela mídia sobre a corrupção está desfocada e mira em aspectos secundários, deixando de lado as origens e, sobretudo, quem está disposto ou não a agir para pôr fim a esse quadro desolador.

Portanto, nessas condições, eu, com muita tranquilidade, defendo a reeleição de Dilma Rousseff, do PT. Defendo sua reeleição sem, porém, dar-lhe cheque em branco: é preciso dar continuidade às pressões para que ela avance em reformas políticas e legais que arejem nosso sistema político, nossa sociedade e nossa cultura (no sentido amplo do termo).

Defendo a reeleição de Dilma Rousseff, igualmente, por seu compromisso em não desenvolver uma política econômica neoliberal que arroche salários, gere desemprego, aniquile a indústria nacional e elimine as políticas de combate à pobreza e à miséria.

Defendo a reeleição de Dilma Rousseff, mais ainda, pelo que ela e o ex-presidente Lula fizeram pela educação no âmbito universitário, sobretudo no sistema federal, e no ensino médio (com as escolas técnicas federais, cuja instalação foi proibida nos tempos de FHC). O mesmo digo para as políticas destinadas à saúde.

Defendo a reeleição de Dilma Rousseff porque, pela primeira vez, depois das concessões tenebrosas que fez aos evangélicos fundamentalistas, ela se pronuncia contra a homofobia e a favor de uma legislação que a coíba e que, inversamente, permita o casamento civil igualitário (aliás, isso já está sacramentado pelo STF).

Defendo a reeleição de Dilma Rousseff também porque o que se viu em Minas Gerais, durante os governos do PSDB, com destaque para as gestões de Aécio Neves, em termos de política para a educação e a saúde, foi muito ruim.

Defendo a reeleição de Dilma Rousseff, por fim, porque, até agora, Aécio Neves e o PSDB nada têm dito ou feito para pôr fim ao financiamento privado das campanhas eleitorais. Ao invés disso, vejo-os esconderem suas próprias práticas patrimonialistas, com o endosso da mídia, por debaixo do tapete, e realizarem um escarcéu, de moralismo duvidoso, diante do que atribuem e/ou encontram de malfeitos protagonizados pelo PT.

Em 26 de outubro, convicto, votarei em Dilma 13!

O GIGANTE

*Hebe Mattos,
13/10/2014*[1]

Durante o segundo semestre de 2013, em função da minha pesquisa sobre o engenheiro abolicionista André Rebouças, eu lia diariamente exemplares das edições mensais de um periódico publicado em Nova York, por um jornalista brasileiro, do qual André foi ativo colaborador. *O Novo Mundo* registrava notícias dos Estados Unidos para o Brasil durante a década que se seguiu à Guerra de Secessão americana. No antigo Sul escravista derrotado, o período conhecido como "Reconstrução Radical" (1865-1877) foi pioneiro em reconhecer direitos civis e políticos aos ex-escravos tornados livres com a vitória da União. Muitos se alfabetizaram, participaram politicamente em seus locais de moradia, votando e sendo eleitos, junto aos políticos republicanos radicais oriundos do Norte do país. As conquistas sociais realizadas nesse curto espaço de tempo são impressionantes e preenchem as melhores páginas da historiografia social e política sobre o pós-emancipação nos Estados Unidos. No entanto, o movimento fracassou graças, principalmente, à eficácia de um discurso de fundo aristocrático, construído a partir da manipulação seletiva de uma série de casos pontuais de corrupção, segundo o qual toda a ação política dos libertos e o idealismo republicano eram uma simples fachada para a ação criminosa de um grupo de aventureiros corruptos que enganavam ex-escravos desinformados. Essa leitura foi depois potencializada pela memória, associou-se ao

---

[1] Publicado no blog Conversa de Historiadoras (conversadehistoriadoras.com).

chamado "racismo científico" do final do século XIX, e progressivamente foi corroendo as conquistas dos libertos, ainda pouco sedimentadas, resultando em leis de segregação racial em todo o Sul a partir dos anos 1890, que durariam até a segunda metade do século XX. Através das páginas de *O Novo Mundo*, acompanhei o dia a dia da tragédia que se anunciava, e as semelhanças com o que eu ouvia no Brasil do século XXI muitas vezes me preocuparam. A divulgação seletiva e sincronizada com o segundo turno das eleições de depoimentos relacionados ao escândalo de corrupção na Petrobrás me fez duvidar de onde e em que século me encontro agora.

Que estas eleições representaram uma guinada à direita de boa parte do eleitorado brasileiro já estava assinalado nos resultados do primeiro turno. Uma novidade "sociológica" me pareceu fundamental para entender o crescimento da onda liberal-conservadora nas últimas eleições.

Parte da nova classe média formada nos últimos doze anos namora a olhos vistos o discurso neoliberal, algo inspirada no ideário do Partido Republicano nos Estados Unidos. É gente conservadora do ponto de vista do comportamento e que acha, com certa razão, que o mérito de sua ascensão é somente seu, sem cultivar solidariedade com quem não tem desempenho parecido. Ao contrário do que fizera José Serra nas últimas eleições, Aécio Neves, ao reivindicar a herança de FHC e nomear – ainda em campanha – seu ministro da fazenda, percebeu isso. Assumiu, sem subterfúgios, o neoliberalismo como bandeira. Ao fazê-lo, atraiu também, por força da gravidade, um eleitorado ainda mais conservador, incluindo as vertentes mais assustadoras para a pauta dos direitos humanos (bancada das armas, anti-gay, anti-índios, antiquilombolas e que tais). O apoio do PV e de Marina Silva no segundo turno empresta, porém, cores ambientalistas e sensibilidade social à candidatura, que pode compensar seus apoios na extrema direita, sem modificar o compromisso com uma modernidade de mercado, que se tornou a marca registrada do PSDB.

Por outro lado, esse movimento fez o governo nacional-estatista comandado por Dilma Rousseff aprofundar seus compromissos com as pautas dos direitos humanos e dos movimentos sociais. A defesa clara de um estado de bem-estar social com ênfase em políticas de inclusão e no diálogo com os movimentos sociais foi reforçada nesta campanha. Para a cultura negra, o engajamento de Juca Ferreira na montagem do programa para o segundo mandato foi especialmente auspicioso. O comprometimento público da atual presidente da república com a criminalização da homofobia foi um fato histórico. A clara diferenciação entre os dois projetos políticos e a convicção com que cada lado os defende poderiam configurar um cenário promissor para fazermos, também no Brasil, um debate de ideias que tem sido travado com intensidade, sobretudo na Europa, desde a crise de 2008.

As tentativas de imputar a apenas um lado as práticas de corrupção continuam, entretanto, a tentar tristemente repetir a velha máxima da política brasileira, "aos inimigos a lei". O tratamento do último escândalo pela mídia de oposição insiste em tirá-lo do lugar a que finalmente esse tipo de crime chegou em nossa sociedade – a justiça criminal – para transformá-lo em matéria política que possa respingar no governo. Para fazer isso, dialoga com um imaginário que vê a política como uma luta do bem contra o mal, bem representado na forma como se apresentou, nestas eleições, a candidatura de Marina Silva. Um dos legados das famosas jornadas de junho de 2013 do qual sempre desconfiei. Nunca esquecerei o simbolismo antidemocrático da imagem das multidões avançando sobre o Congresso Nacional, pouco explorada pelos muitos comentadores e analistas das jornadas.

A primeira onda do movimento teve o mérito de colocar o desrespeito aos direitos humanos nas instituições policiais na pauta política. O caso Amarildo ficará na história. Mas essa foi uma conquista sobre a qual rapidamente se desfizeram as unanimidades. A força das campanhas pela redução da maioridade penal é prova disso. Claro que havia uma enorme diversidade política entre os manifestantes. Quase todos compartilhavam, entretanto, uma lógica política que tendia a negar uma regra básica da dinâmica democrática: o respeito pelo adversário político. Era a virtude contra o vício. Essa tendência pode ter começado inspirada na pauta dos direitos humanos, que tem em si uma dinâmica que busca ampliar os consensos sobre o que as sociedades consideram ser o mal, e que não deve ser tolerado, mas foi muito além disso. O maniqueísmo como lógica política era o eixo comum aos manifestantes e gerou um legado autoritário para a atual campanha eleitoral. Ao invés de tentar entender a pluralidade de opiniões e de tradições políticas da democracia brasileira, propondo formas legais de transformá-las se limites éticos não estavam sendo respeitados, as jornadas se desdobraram em uma espécie de caça às bruxas aos políticos que o arbítrio dos manifestantes decidia serem "corruptos" ou fisiológicos. Avanços sociais e políticos conquistados nos últimos anos eram assim desassociados da ação do sistema político construído pelo voto popular. Tendências como essa desmoralizam o voto e ameaçam, no limite, a própria democracia.

O filme *The birth of a nation*, de D. W. Griffith (1915), imortalizou como narrativa o processo de desmoralização do voto do liberto e da ação política da reconstrução radical após a Guerra de Secessão nos Estados Unidos. O filme, um épico pioneiro do cinema mudo disponível no Youtube, tem mais de três horas de duração. Vale conferir os últimos cinco minutos, em que, após uma grande batalha, mocinhas brancas são salvas de negros perigosos por incorruptíveis cavaleiros da Ku Klux Klan, o abolicionista branco se arrepende das suas alianças políticas e, "nas eleições seguintes", como explicam as cartelas, os libertos são impedidos de votar.

Eleições não são uma contenda entre o vício e a virtude. O direito de voto ao analfabeto só foi reconhecido no Brasil em 1988. O país se transformou profundamente, para melhor, desde então. Neste segundo turno, dois projetos políticos diferentes estão confrontados. Precisamos discuti-los com corações e mentes no Brasil do século XXI.

A "VELHA CORRUPÇÃO": CARTA ABERTA AOS JOVENS SOBRE AS ELEIÇÕES

Sidney Chalhoub,
19/10/2014[1]

A violência do debate eleitoral, no momento, causa perplexidade aos jovens de idade semelhante aos que tenho em casa, que talvez acompanhem pela primeira vez, "ligados" de verdade, uma campanha eleitoral dessa importância para o país. Especialmente em São Paulo, a grande imprensa produziu um verdadeiro clima de guerra civil midiática em torno desta eleição, desinforma o quanto pode, confunde e manipula. São anos a fio de fogo cerrado contra o governo, em matérias jornalísticas cujos autores assumem o ar arrogante de ilibados defensores da ética e do interesse público.

A insistência no tema da corrupção, como se o atual governo tivesse inventado semelhante mostrengo, é uma combinação ácida de ignorância e hipocrisia. Vamos primeiramente à ignorância histórica, na qual a grande imprensa chafurda com grande desenvoltura. A corrupção está, por assim dizer, no código genético do Estado brasileiro. Nas primeiras décadas após a Independência, período de formação do Estado nacional, a fonte principal da corrupção foi o tráfico ilegal de africanos escravizados. Ao negociar o reconhecimento de nossa independência no exterior, o Brasil contou com o apoio da Inglaterra em troca do compromisso de não continuar a capturar e escravizar africanos por meio do tráfico negreiro. Em respeito aos acordos internacionais firmados pelo país, o Parlamento brasileiro aprovou uma lei de proibição do tráfico africano em 7

---

1   Publicado no blog Conversa de Historiadoras (conversadehistoriadoras.com).

de novembro de 1831. Todavia, os africanos continuaram a chegar. Entre 1831 e o início da década de 1850, quando o tráfico realmente acabou por força da aplicação de uma nova lei, 750 mil africanos foram introduzidos no Brasil por contrabando e escravizados à revelia das leis do país.

O tráfico negreiro ilegal coincidiu com o desenvolvimento da cafeicultura no Vale do Paraíba fluminense e paulista. Em meados do século XIX, era comum que cerca de 80% dos trabalhadores das fazendas de café dessa região fossem africanos ilegalmente escravizados. Para dizer as coisas com clareza: a riqueza dos barões do café e a prosperidade das províncias do Rio de Janeiro e de São Paulo foram construídas por meio da escravização em massa de africanos sequestrados em seu continente de origem e trazidos para o Brasil ilegalmente. O negócio contou com a prática de corrupção em todas as escalas do governo do país e envolveu amplos setores da sociedade, desde os empresários envolvidos no tráfico, outros empenhados em manter a clandestinidade das operações, até os intermediários e fazendeiros que adquiriam os escravizados.

Basta de informação, oferecida aqui apenas para contrabalançar a ignorância histórica de boa parte da mídia nativa. Em especial quanto aos jornalões do estado de São Paulo, eles deviam enrubescer de vergonha cada vez que insinuassem a virtude própria para enfatizar a corrupção alheia. Um deles, àquela época chamado *A Província de São Paulo*, foi fiel defensor dos proprietários de gente criminosamente escravizada. Quanto a esse assunto, desde a sua fundação, em 1875, foi conivente com a velha corrupção. Sim, "velha corrupção", para marcar bem o tamanho histórico do problema que os jornalões cismam de atribuir ao atual governo, apenas no intuito de desinformar e tentar influir no resultado das eleições.

Portanto, chega de hipocrisia, de usar dois pesos e duas medidas. No país independente, a corrupção surgiu junto com o Estado em formação, nele se incrustou e é uma tragédia que aí continue, assim como continua a grassar na sociedade, como parece óbvio, presente às vezes nas falas dos próprios sujeitos que, ao mesmo tempo, vociferam contra os corruptos no Estado e se dedicam com afinco a viciar concorrências públicas, a bolar estratégias para sonegar impostos diversos, até para ingressar nos aeroportos do país com muambas variadas e outras baixezas do gênero.

Chega de hipocrisia. Onde estava a disposição de investigação da grande mídia quando o governo do PSDB, segundo se dizia, comprava os votos de parlamentares para aprovar a lei que permitiu a reeleição de Fernando Henrique Cardoso? O chamado "mensalão do PSDB mineiro", origem do outro do qual tanto se falou, por onde anda? As denúncias de irregularidades nas privatizações tucanas de empresas públicas – algumas vendidas a preço de banana – mereceram a devoção investigativa da grande imprensa? Trens? Metrô? Tudo anda assim tão dentro dos conformes em São Paulo, a nossa Tucanolândia?

A corrupção é tema complexo e difícil. Não há governante, no Brasil, que dê cabo disso numa penada. Muita coisa se pode e deve fazer para livrar o país da velha corrupção. Para começar, o governo precisa ter disposição para enfrentar o problema e tem de garantir a eficácia e a independência dos órgãos encarregados de investigar, processar e punir os responsáveis. O governo Dilma foi exemplar nesses quesitos. Por conseguinte, a hipocrisia de caluniá-lo por isso é especialmente danosa à democracia e ao atual processo eleitoral.

A FIESP E A REVOLUÇÃO DOS PATOS

Joana Monteleone,
13/12/2015[1]

Neste domingo, na avenida Paulista, alguns poucos paulistanos carregavam um gigantesco pato de borracha. O Pato faz parte de uma campanha da Fiesp (Federação das Indústrias de São Paulo) contra a volta da CPMF sobre as transações financeiras. Nos últimos meses ele tem frequentado não apenas a avenida Paulista, mas também as praias cariocas, a esplanada dos ministérios e outros cenários turísticos do país. Apesar do apoio massivo de publicidade e assessoria de imprensa, ninguém estava dando a menor bola para o Pato de borracha cego dos olhos.

Nas manifestações deste dia 13 de dezembro de 2015, no entanto, o pato da Fiesp acabou por se tornar símbolo do pedido de impeachment da presidenta Dilma.

Esse movimento não tem nada de ocasional. Da mesma maneira que o ato convocado para hoje, 13 de dezembro, rememora o Ato Institucional número 5 que prendeu, torturou e assassinou os que se opunham ao regime ditatorial, o Pato símbolo do impeachment lembra a todos o papel da Fiesp no golpe militar – um papel do qual a Fiesp, pode-se ver hoje, se orgulha, quando deveria envergonhar-se.

Da mesma maneira que em 1964 a Fiesp pagou para que os golpistas se organizassem e derrubassem o presidente eleito João Goulart – comprando armas, alugando petroleiros, pagando viagens de oficiais das forças armadas –, hoje a Federação das Indús-

---

[1] Colaborou Adriano Diogo, presidente da Comissão da Verdade do Estado de S. Paulo Rubens Paiva.

trias de São Paulo está aliada ao ainda presidente da Câmara dos Deputados, Eduardo Cunha (PMDB-RJ), na tentativa de derrubar a presidente Dilma Rousseff.

Com o Pato na rua, a aliança da Fiesp com os golpistas ficou mais do que clara – ficou evidente, óbvia, escancarada. Só não vê quem não quer. As poucas pessoas que rodeavam o Pato não apenas sabiam dessa ligação espúria, mas a apoiavam e aplaudiam os feitos e o dinheiro gasto para planejar o golpe hoje curso.

O Pato da Fiesp é o nosso Cavalo de Troia, traz dentro de si o que há de pior na política brasileira. Um Pato que não é só um Pato: todos os dias a Fiesp, contrariando a lei da cidade limpa, faz propaganda contra o governo federal, num show de luzes brega montado no próprio prédio pelo senhor Paulo Skaf. Prédio este, aliás, erguido com muitas facilidades governamentais na década de 1970, os anos mais sanguinários do regime militar.

Um dos aspectos menos conhecidos do golpe de 1964 foi a participação civil na derrubada do regime e a instauração da ditadura. O apoio de empresários, de boa parte do judiciário e da grande parte da classe média – sem falar da elite reunida em diversas entidades empresariais e institutos "de pesquisa" – e da mídia foi fundamental para dar legitimidade aos golpistas de então.

Foi a Fiesp, através do anticomunista descontrolado Henning Boilesen, quem montou o Centro de Integração Empresa/Escola em 1964, para domesticar ideologicamente trabalhadores. Em 1968, mais uma vez, foi o então presidente da Fiesp, Theobaldo de Nigris, ao lado de Luis Eulálio Bueno Vidigal, dono da Cobrasma, quem mandou a ditadura reprimir violentamente os trabalhadores em greve em Osasco, dando início ao clima político que desembocaria no AI-5.

Como em 1964, a tentativa de um golpe, ou de impeachment paraguaio da presidente Dilma, não se improvisa. E custa caro, muito caro. Também não custa lembrar que foram os empresários da Fiesp alguns dos maiores financiadores do principal centro de repressão e tortura do país – a Operação Bandeirantes, a Oban, depois DOI-Codi, na rua Tutoia, na Vila Mariana, em São Paulo. E que um representante da entidade, Geraldo Rezende de Mattos, foi dos civis o que mais assinou a lista de entrada no DOPS, a polícia civil da repressão, paulista.

De inocente o Pato da Fiesp não tem nada.

Atualização em 14/12/2015: esta análise foi escrita menos de 24 horas antes de a Fiesp declarar oficialmente seu apoio ao impeachment de Dilma. Não tínhamos nenhuma informação especial: tudo o que fizemos foi observar o grande Pato.

PARTE II
A CRÔNICA DO GOLPE NO OLHAR DO HISTORIADOR

MARÇO DE 2016: O GOLPE JURÍDICO E MIDIÁTICO

4 de março – Condução coercitiva de Lula para depor no inquérito da Lava Jato. Foi levado a Congonhas e liberado em seguida. Militância petista faz vigília.

13 de março – Manifestações favoráveis ao impeachment da presidenta Dilma com cobertura pela televisão em rede nacional.

16 de março – O juiz federal Sérgio Moro derruba sigilo judicial e divulga grampo entre o ex-presidente Lula e a presidenta Dilma Rousseff.

17 de março – Posse de Lula como Ministro da Casa Civil. Em discurso, Dilma reage à gravação dos grampos e sua divulgação e exploração desvirtuada pela mídia, alertando para as ameaças ao Estado democrático de direito: "Os golpes começam assim".

18 de março – Manifestações em todo o país em defesa da legalidade e do mandato de Dilma Rousseff. Lula discursa na Avenida Paulista. O discurso não foi transmitido pela Rede Globo. Gilmar Mendes, Ministro do STF, suspende a posse de Lula

18 de março – Fundação do Movimento Democrático 18 de Março por brasileiros residentes na França, no 145º aniversário da Comuna de Paris.

19 de março – Reportagem do Jornal Nacional com novas divulgações de grampos a telefonemas do ex-presidente Lula.

22 de março – Ato com Juristas pela Legalidade e em Defesa da Democracia no Palácio do Planalto. Dilma recebe 27 manifestos *de juristas, advogados, professores, membros do ministério público, defensores públicos e estudantes de Direito.*

29 de março – PMDB se retira da base do governo Dilma.

31 de março – Manifestações em todo o país em defesa da legalidade e do mandato de Dilma Rousseff.

DOIS DOMINGOS, COM DUZENTOS ANOS DE INTERVALO

*Beatriz G. Mamigonian,
17/03/2016*[1]

A história da escravidão e do tráfico de escravos no Brasil ou mesmo do Brasil no século XIX parecem, para muitos, episódios distantes do cotidiano que vivemos. É como se fossem páginas viradas, destinadas a amarelar. Engano. O presente é composto por várias camadas de passado. Retomo aqui um exercício das minhas aulas de História do Brasil Monárquico para interpretar uma fotografia e uma gravura emblemáticas da desigualdade social no Brasil.

Foto: João Valadares. *Correio Braziliense*, 13/3/2016.

---

1   Texto adaptado do discurso proferido na formatura de História/UFSC, turma 2015.2.

A fotografia da família com a babá é um retrato da sociedade brasileira em 2016. Um dos retratos possíveis. É um documento que, como historiadora, proponho discutir.

Sobre a autoria: a foto foi tirada por um jornalista pernambucano, João Valadares, que trabalha no *Correio Braziliense*. Não consta que seja filiado ou militante de algum partido de esquerda, mas um jornalista crítico. Poderia me estender aqui na tradição do fotojornalismo brasileiro, do qual ele é herdeiro. Mas importa aqui pensar que João Valadares compôs essa cena, como um artista compõe um quadro. Foi calculada.

Contexto da produção do documento: O jornalista relatou que fez essa sequência de fotos em Ipanema, perto da uma hora da tarde no domingo, dia 13 de março. Naquele dia, houve protestos em cerca de 200 cidades do Brasil, convocados por diferentes movimentos, como Movimento Brasil Livre, Vem Pra Rua e Revoltados On-line; lideranças políticas como os senadores Aécio Neves, José Serra, Ronaldo Caiado e os deputados Jair Bolsonaro, Marco Feliciano e Paulinho da Força Sindical; além do pastor pentecostal Silas Malafaia e do presidente da Federação das Indústrias do Estado de São Paulo (Fiesp), Paulo Skaf. A família retratada esteve entre as centenas de milhares de manifestantes, cerca de um milhão, que demonstraram em Copacabana a insatisfação com o governo do PT e o desejo de tirar Dilma da presidência.

Alguns ângulos de interpretação do conteúdo da foto se colocam.

O primeiro é o da história do trabalho. Claudio Pracownik e a mulher Carolina Maia Pracownik são cariocas de classe média alta. Ela estudou em duas universidades privadas: Cândido Mendes e Universidade da Cidade; não sabemos que carreira seguiu. Ele, formado em Direito pela Uerj, é sócio diretor do Banco Brasil Plural e atuou em outras instituições financeiras, incluindo bancos Meridional, Santander, Pactual, Terra Brasis Resseguros e nas Empresas Brasif. Hoje atua também como vice-presidente de finanças do Clube de Regatas Flamengo. Formado em Direito, ele é banqueiro. Eles têm duas filhas pequenas e empregam, durante os fins de semana, os serviços de Maria Angélica Lima, como babá. A reação mais imediata daqueles que viram a foto foi a de pensar na herança do nosso passado colonial, escravista. Respondendo a isso, o casal Pracownik se apressou em tentar afastar os signos da escravidão: afirmaram que Angélica era uma trabalhadora voluntária e se disseram cumpridores dos direitos trabalhistas.

Nós historiadores sabemos que as conexões com a escravidão, nesse caso, são bem mais sutis. Angélica é negra e é certo que algum de seus antepassados, possivelmente seus bisavós, viveram escravizados.

Nova Iguaçu, onde ela reside, é um município da Baixada Fluminense que recebeu fortes fluxos migratórios de afrodescendentes vindos das regiões rurais do Rio de Janeiro e Minas Gerais nas primeiras décadas do século XX. Tanto durante a escravidão quanto depois da abolição, escravos, libertos e ex-escravos lutaram por direitos, remuneração adequada, a possibilidade de ter família e não ser separado dela, condições dignas de trabalho, não só sem castigo físico, mas com dignidade. Maria Angélica é, portanto, herdeira dessa tradição.

Já os Pracownik chegaram ao Brasil nas décadas de 1930 e 1940, antes e depois da Segunda Guerra Mundial, vindos da Polônia; fizeram parte de um fluxo de imigrantes judeus que deixaram a Europa fugindo da intolerância. Exerciam ofícios urbanos e, como outros imigrantes europeus, encontraram muito espaço no mercado de trabalho para suas especialidades. Muitos professavam ideias socialistas.

Enquanto os filhos de imigrantes educados em escolas e universidades de maior prestígio passaram a ocupar posições altas na hierarquia social, as famílias negras camponesas foram expropriadas; as residentes nas cidades, relegadas para as periferias e destinadas aos piores empregos. Os filhos e netos de escravos tiveram seus horizontes limitados. Ficaram presos nos estratos mais baixos da sociedade, sem acesso à educação de qualidade ou a posições de comando. Ficaram sujeitos a um racismo aberto, mesmo que não oficializado. Essa foi a história do século XX no Brasil e em outras partes do Atlântico. Martin Luther King foi um dos mais destacados críticos desses mecanismos de discriminação racial e exclusão social.

O trabalho doméstico foi talvez o principal nicho de mercado para as mulheres negras depois da abolição e ao longo de todo o século XX no Brasil. Sabemos por observação, e a pesquisa tem confirmado, que ser empregada doméstica era quase um destino natural para as meninas pobres. Um novo olhar para a história da infância tem revelado uma face triste dessa história: os filhos das amas de leite escravas eram separados das mães e frequentemente morriam; os filhos das criadas cresceram sem o direito à presença das suas mães, que cuidavam dos filhos das patroas. Essa história se repete ainda hoje. As experiências de infância das crianças de classe média e das crianças pobres são muito distintas. A filha caçula de Maria Angélica, de apenas dois anos, fica aos cuidados de outra mulher enquanto a mãe trabalha para a família Pracownik.

A história de gênero, claramente, também marca essa cena. Carolina (a mãe das crianças), exerce a maternidade com o apoio de várias empregadas, que certamente a poupam do serviço de limpeza, preparação de comida, lavação de roupa, liberando seu tempo para trabalhar, estudar ou viver um cotidiano com rotina flexível. Suas chances de crescer na carreira (supondo que ela tenha um emprego) são potencializadas pelo trabalho das empregadas. As chances das empregadas de escolherem outra ocupação, fazendo cursos técnicos ou faculdade, no entanto, ficam prejudicadas pois precisam trabalhar (até nos domingos). Carolina talvez não precise contribuir para a renda da família. Para Maria Angélica, essa não é uma opção.

Essa distância entre as experiências sociais manteve as mulheres pobres longe do movimento feminista no Brasil, liderado por mulheres brancas e de classe média ou alta. O avanço das políticas públicas de distribuição de renda e de empoderamento das minorias, como mulheres e negros, na última década, resultaram em uma aproximação. As mulheres negras hoje veem ocupações alternativas ao trabalho doméstico, seguem carreiras que escapam ao destino manifesto da pobreza, às trajetórias dignas porém limitadas de suas mães e avós, e são cada vez mais vocais na luta por direitos. Na luta pela legalização do aborto e na denúncia da violência contra a mulher, ressaltam que as experiências das mulheres são muito distintas, de acordo com a classe social e a cor.

Podemos "ler" essa foto ainda sob a lente da história urbana. A expansão urbana do Rio de Janeiro no século XX não distribuiu equitativamente os serviços públicos básicos – saneamento, luz, transporte – de tal forma que os bairros beneficiados valorizaram-se mais que os outros, e consolidou-se uma segregação espacial em que a população da Zona Sul é mais rica e branca do que a população da Zona Norte. Ipanema, onde os Pracownik residem, tem um dos metros quadrados mais caros do Brasil. Copacabana é um pouco menos elitizada, mas ainda assim a renda média dos residentes é mais alta do que a renda média da população carioca. A passeata do domingo 13 de março no Rio não representa uma amostragem fiel da população da cidade. No Rio, as grandes manifestações populares são convocadas para o centro, Cinelândia ou Lapa, ou ainda para a avenida Presidente Vargas, no eixo entre a Candelária e a Central do Brasil.

Essa foto, como documento, portanto, traz diversos elementos que demonstram a desigualdade social no Brasil de 2016.

O enquadramento da cena não foi ocasional. A gravura "Um funcionário a passeio com sua família", do francês Jean-Baptiste Debret, é uma representação icônica da sociedade brasileira no período da escravidão e quase certamente serviu de inspiração para João Valadares.

"Um funcionário a passeio com sua família". Jean-Baptiste Debret. *Viagem Pitoresca e Histórica ao Brasil* (1834-1839)

Nela, a caminho da missa dominical, o pai de família e senhor de escravos anda à frente e a mulher e as filhas atrás, seguidas dos trabalhadores escravizados que os serviam, representando a hierarquia de poder própria de uma sociedade patriarcal e escravista. No topo estariam sempre os homens livres brancos e proprietários. Ser livre significava estar acima dos escravos, mesmo que se tratasse de uma criança. Crioulos (nascidos no Brasil) estavam acima dos africanos; pardos, acima dos pretos. Dessa forma, as distinções por sexo (homens, mulheres), condição social (livres, libertos e escravos), origem (português, brasileiro, africano) e cor (branco, pardo, preto) se combinavam em uma escala complexa, que operava no funcionamento cotidiano das relações sociais.

O Brasil de 2016 não é o mesmo do período da independência. Duzentos anos depois, as lutas coletivas conquistaram o fim da escravidão, direitos trabalhistas e universalizaram direitos sociais, como educação e saúde públicas. A Constituição de 1988 declara como objetivos da nossa República a construção de uma sociedade livre, justa e solidária; a erradicação da pobreza e das desigualdades sociais, e ainda a promoção do bem de todos sem preconceitos ou discriminação. E ainda assim, persistimos entre os países mais desiguais do mundo. Heranças do passado ou forças do presente? O presente é impregnado de passado, é verdade. Mas as desigualdades são reproduzidas a cada dia: na remuneração pelo trabalho, nas oportunidades, nas relações sociais. É papel do historiador crítico desnaturalizar uma cena como a do domingo cívico da família Pracownik com a babá Maria Angélica empurrando o carrinho das crianças.

Como sugeriu Walter Benjamin em outro contexto de ruptura, "o dom de despertar no passado as centelhas da esperança é privilégio exclusivo do historiador convencido de que também os mortos não estarão em segurança se o inimigo vencer. E esse inimigo não tem cessado de vencer".

A CRISE BRASILEIRA, EM PERSPECTIVA HISTÓRICA

*Marcos Napolitano,
18/3/2016*[1]

A crise política que vivemos neste começo de 2016 é, sem dúvida, uma das mais graves e complexas da história do Brasil. Vale lembrar que o país tem uma história política profícua em crises que, quase sempre, terminaram em golpes de Estado seguidos de ditaduras. Muitos analistas políticos de plantão, diante do quadro atual, não hesitam em dizer ou escrever que o combo "golpe + ditadura + repressão" está afastado, e as "instituições democráticas", que estão sendo duramente testadas na atualidade, sairão fortalecidas, apostando em saídas políticas e jurídicas para desatar o nó que amarra a vida nacional. Será?

A democracia representativa, ancorada em um sistema partidário minimamente eficaz para garantir estabilidade institucional, sobreviverá ao desfecho da crise brasileira? A luta contra a corrupção, tão apregoada como a base de uma nova cultura republicana, será consolidada? Para me arriscar nesse exercício de futurologia, recorro ao passado, analisando a crise atual em uma perspectiva histórica que vem sendo pouco explorada. A crise brasileira, nessa perspectiva, envolve ao menos três dimensões que se entrecruzaram de maneira explosiva a partir de 2013.

A DIMENSÃO POLÍTICA

Essa dimensão, talvez, seja a mais comentada pelos analistas. Há uma unanimidade em apontar o esgotamento do chamado "modelo político" brasileiro pós-1985, baseado no "presidencialismo de

---

1   Publicado na revista *Brasileiros*, http://brasileiros.com.br/9BSSO.

coalizão". Esse modelo ensejaria a necessidade de acomodações tão amplas para sustentar a "governabilidade" – outra palavra mágica em nosso vocabulário político, cada vez mais usada e abusada, que sugere que o governo de plantão, qualquer que seja, fica refém de uma aliança sem projeto e sem direção clara. Os ministérios e os milhares de cargos de confiança são distribuídos conforme as demandas destas "supermaiorias" parlamentares que formam a base do governo, comprometendo a própria racionalidade administrativa do Estado.

Desde 2003, o "toma lá dá cá" fisiológico que tem no PMDB, sempre disposto a ocupar o Estado, sua expressão máxima, foi a porta aberta para as tenebrosas transações que acabaram por modificar a essência do próprio PT. De um partido originalmente intransigente e purista, acabou por se transformar em epicentro de governos incoerentes e contraditórios com seu próprio DNA político. Se, com Lula na presidência, o governo não tinha uma natureza ideológica definida, mas tinha algum comando, dada a capacidade negociadora do ex-presidente, com Dilma, o governo foi emparedado, sem controle mínimo sobre sua base, e com risco de perder o apoio do próprio PT. A polêmica volta de Lula ao coração do poder ainda é um lance aberto, não é possível afirmar que o superministro salvará o governo Dilma e estabilizará a política nacional. Pessoalmente, aposto que não.

A esta dimensão política mais visível deve-se somar uma crise política do petismo histórico, ainda pouco compreendida diante da enxurrada de críticas de ordem puramente moral ao partido, feitas à direita e à esquerda. O PT, em seus primeiros 15 anos, foi um partido que abusou do discurso voluntarista e moralista para criticar o "tudo que está aí" na política brasileira. Ligado organicamente a vigorosos movimentos sociais, o partido tinha influência nas ruas, mas sempre fora ruim de voto. No entanto, ainda nos anos 1990, formou uma pequena base parlamentar, sempre coerente e contundente na oposição aos governos pós-ditadura. Ao lado do PSDB (o original...), era o único partido moderno e com alguma base orgânica e ideológica no Brasil democratizado. O PT também conseguiu criar bases importantes em municípios, governando cidades pequenas, grandes e médias, nas quais conseguiu implementar muitas novidades na administração e melhorar os índices sociais. Mesmo sem grande coesão interna, pois sempre foi um partido atravessado por disputas autofágicas de tendências e grupos, o PT parecia consolidado em meados dos anos 1990 como "reserva política e moral" que iria democratizar a política e a sociedade brasileiras.

O grande momento do partido veio com a eleição de Lula em 2002. Em parte, a onda eleitoral que o elegeu foi uma resposta à crise econômica da era FHC, que, salvo o bem-sucedido controle inflacionário, não conseguiu alavancar o tão prometido crescimento sustentado e a distribuição de renda. Mas a passagem de uma base de atuação política parlamentar de oposição e a experiência de governos municipais petistas pouco ajudou o partido a construir uma estratégia eficaz para conduzir a política nacional no governo da União. O fato é que o PT nunca pensou seriamente em como lidar com a natureza fisiológica e a complexa engenharia política que sustentam o pacto federativo brasileiro, atravessado por uma mistura de interesses regionais, setoriais e corporativos que refreiam qualquer projeto mais ousado de mudança. O voluntarismo e o purismo petistas encontraram aí o seu limite, mas a habilidade, o carisma e o pragmatismo de Lula em costurar alianças improváveis manteve a "governabilidade", mesmo fazendo os petistas históricos se contorcerem de náuseas.

O petismo no poder pouco ajudou a tornar mais nítido o espectro ideológico e delimitar os valores que estão em jogo na sociedade brasileira. É inegável que há um núcleo de valores no petismo que ainda o liga às tradições históricas de esquerda, como a sensibilidade para as questões sociais, os direitos trabalhistas e a promoção da equidade social. Mas as coalizões espúrias de governo, as alianças orgânicas com grandes empresários e a dificuldade em assumir, pelo menos, um projeto social-democrata consistente que distribua renda através de justiça tributária enfraqueceram a identidade ideológica do petismo. Resta a liderança de Lula, ainda forte no partido, mas em xeque em grande parte da sociedade.

A crise atual, em sua dimensão política, é tributária do esgotamento dessa capacidade de gerenciar politicamente os dois vetores que sustentaram a democratização: o "presidencialismo de coalizão" e a acomodação dos interesses fisiológicos que mantêm o "pacto federativo" brasileiro dentro de uma política (muito) moderada de esquerda. Sem projeto de mudança e sem comando político, o partido foi tragado pelas velhas e conhecidas práticas da vida política brasileira, com suas negociatas nem sempre legítimas e legais.

A DIMENSÃO ECONÔMICA

A crise econômica é igualmente muito comentada e analisada. Depois de colher os frutos da valorização das *commodities* no mercado internacional, a economia brasileira se viu ameaçada diante da crise internacional que explodiu em 2008. Com dinheiro em caixa, o último ano do governo Lula ainda conseguiu evitar o *tsunami*, liberando créditos e subsídios e mantendo a linha mestra da política econômica dos seus dois governos, chamada por alguns de "social-desenvolvimentismo". Dentro desse modelo, contraface econômica do pragmatismo político de Lula, a gestão da economia deveria manter a base do Plano Real (metas de inflação, superávits fiscais primários, controle cambial), mas acrescentar-lhe outras medidas: redirecionamento do crédito subsidiado para grandes corporações e para o consumidor assalariado de baixo poder aquisitivo, aumento real do salário mínimo e transferências financeiras diretas para famílias extremamente pobres ("Bolsa Família"). A presidenta Dilma, que parecia realmente acreditar na sua competência gerencial, quis ir além, propondo a "Nova Matriz Econômica" que iria alavancar a indústria nacional, recuperar o protagonismo do Estado na economia, abaixar os juros e incrementar o crescimento com inflação baixa e sob controle. Mas em plena crise econômica mundial, essa política não deu certo. A resposta dos agentes econômicos não foi a esperada, o Estado perdeu capacidade de investimento e a arrecadação decrescente comprometeu o já frágil equilíbrio fiscal de um Estado que tinha um grande gasto social. A cerejinha do bolo da crise foi a Operação Lava Jato, que paralisou os grandes negócios de Estado, entre estatais e empreiteiras.

A partir do susto das ruas em 2013, que colocou o governo sob pressão e paralisou os agentes econômicos internos, a crise econômica se agravou, dando munição à imprensa de oposição para criticar a administração petista também nesse campo. A resposta política ortodoxa para a crise econômica no segundo mandato de Dilma – elevar os juros para controlar a inflação crescente, mas ainda sob controle, fez com que a arrecadação despencasse e, com ela, o crescimento econômico e a oferta de empregos. Vale lembrar que sem subsídio estatal, sem consumo das famílias e do governo não há capitalismo no Brasil.

A arrecadação em baixa comprometeu a capacidade do governo de manter o nível de gasto social, desde sempre combatido pelos liberais de plantão na imprensa e nas assessorias econômicas diversas. O pacto social lulista, que amarrou banqueiros e miseráveis sob sua liderança, tornou-se inviável. O consumo das velhas e novas classes médias diminuiu, e a distribuição de renda via incentivo ao consumo chegou ao seu limite. Como o PT jamais pensou ou propôs uma reforma tributária progressiva séria, sempre difícil diante do pacto federativo e dos interesses setoriais que mandam no Congresso, o Estado brasileiro é refém da arrecadação de impostos desiguais, gerados pelo consumo e pela tributação dos assalariados. A resposta para manter a "governabilidade" foi fiel ao receituário liberal tão criticado nos palanques eleitorais: corte de gastos e elevação de juros.

A DIMENSÃO IDEOLÓGICA

Esta dimensão é a menos analisada. Em uma primeira mirada, parece que estamos reeditando o eterno embate entre esquerda e direita, cujos epicentros no sistema partidário brasileiro seriam o PT e o PSDB. A transição tranquila ao final do governo FHC parecia indicar que a sociedade brasileira atingira um novo patamar de civilidade e republicanismo. Lula "paz e amor" parecia arrefecer os ímpetos de mudança voluntarista e populista a qualquer preço e, em troca, os setores mais conservadores aceitavam o "sapo barbudo" e a esquerda no poder, sem maiores histerias. Mas a lua de mel durou pouco. Arrisco dizer que a trégua conservadora ao petismo no poder apostava em um mandato de Lula que não conseguiria tocar o dia a dia administrativo e manter os compromissos políticos que sustentavam o pacto federativo. Mas o que se viu foi um presidente não só relativamente bem-sucedido desde o seu primeiro mandato (apesar das trapalhadas iniciais do governo no trato do Congresso Nacional) como cada vez mais popular no Brasil e no exterior. Não por acaso, a partir de 2005, a oposição na imprensa cresceu e começaram a surgir as teses do "projeto de poder", as denúncias de corrupção estrutural e, pior, a denúncia do "esquerdismo demagógico", reeditando até certa histeria anticomunista que parecia enterrada sob os escombros do Muro de Berlim. Mas, à época, ninguém deu muita atenção para isso, a não ser os comentaristas conservadores de sempre e o andar de cima da classe média, sempre fiel à sua mentalidade oligárquica e elitista, que não quer dividir aviões com os pobres ou pagar os direitos das empregadas domésticas.

Mas à medida que a ruptura da classe média com o petismo foi crescendo, alimentada sistematicamente pela imprensa de direita, a crise ideológica ficou mais aguda. Os deslizes morais do partido e de suas lideranças deram o lastro que faltava ao discurso tosco e desconexo do conservadorismo. Permitiram que se escondesse uma crítica de fundo elitista atrás do bom combate da moralidade pública. E quem haveria de negar esse bom combate, já que muitos petistas históricos tinham rompido com o partido pela mesma razão?

Mas nem só da alta classe média vive o antipetismo. Os setores assalariados de médio porte, como os funcionários públicos de carreira e quadros técnicos do setor privado, que foram uma das bases sociais do petismo histórico, também se frustraram com o partido, não apenas por aderirem às críticas de ordem moral propaladas pela imprensa, mas também por viverem a combinação explosiva de ausência de serviços públicos de qualidade com alto custo dos serviços básicos privatizados, como saúde, transporte e educação.

A afirmação definitiva da classe média antipetista *enragé* foram as jornadas de junho de 2013, levando consigo para as ruas amplos setores do lumpesinato, sempre disposto ao antigovernismo e à antipolítica, e com "carradas de razão", com diria Chico Buarque. A partir de então, as dimensões política, econômica e ideológica da crise se entrecruzaram, formando o labirinto atual que nos parece levar ao abismo da intolerância política e da fratura social. O governo, atordoado pelas manifestações, perdeu o rumo e foi emparedado pela imprensa conservadora (desculpem a redundância) e por grupos sociais outrora moderados que aderiram ao discurso siderado da extrema direita fascistoide.

A oposição, igualmente desarvorada, tentou colher os frutos da crise, apostando na virtual implosão do PT e do petismo como expressão da esquerda parlamentar. Nessa linha, o PSDB, nas últimas duas eleições presidenciais, assumiu um feitio ultraconservador, sequestrado pela tradição do liberalismo oligárquico e elitista que domina este espectro ideológico no Brasil. A partir de 2015, as direitas ganharam as ruas e a política brasileira se tornou um jogo ainda mais imprevisível.

FUTURO?

A grande contradição já percebida pelas lideranças oposicionistas é que o colapso do governo Dilma e a implosão do PT poderão levar consigo o sistema partidário brasileiro, tal como este se reconfigurou após o fim do regime militar. Se acontecer, o colapso do PT significará a ausência de uma esquerda parlamentar representativa por muitas décadas. Isso também significará a ausência de opções institucionais mediadoras entre as demandas sociais e o Estado, sobretudo aquelas oriundas das camadas muito pobres e dos pequenos assalariados. À esquerda, restarão movimentos sociais fragmentados com pautas específicas, coletivos de toda a ordem e lideranças isoladas, socialmente relevantes e politicamente impotentes, ao menos no jogo institucional. No médio prazo, o grosso do eleitorado, sem formação ideológica consistente e sem balizas partidárias claras, tenderá para a direita. Mas que direita?

Não é exagerado dizer que já há uma cultura pública autoritária e fascista que está esperando por um líder aventureiro, mas que ainda não tem expressão partidária consistente. Iludem-se os liberais dos partidos de oposição e da imprensa conservadora ao pensar que esses grupos sociais serão controláveis no futuro. O sistema jurídico de tradição liberal que, no vazio atual, se arvora como a espinha dorsal da política brasileira poderá ser novamente sequestrado pelos valores autoritários, alimentados pelos próprios liberais nos momentos de crise, diga-se, como muitas vezes ocorreu na história brasileira. Lembremos que todas as nossas ditaduras envergonhadas ou escancaradas foram prolixas em normas e decretos, assinados por eminentes magistrados. Quanto aos setores políticos fisiológicos, bem... estes sempre se arranjaram, seja em ditaduras, seja em democracias.

O projeto inicial da oposição – fazer o governo Dilma e o PT "sangrarem" até 2018 – está sendo atropelado pela radicalização antipetista nas ruas e pela judicialização da política. Os últimos movimentos de Lula e de Sérgio Moro fizeram o jogo político sair dos palácios, para o bem e para o mal. O impeachment poderá deixar de ser uma ameaça, e efetivamente acontecer. Esta é uma variável que hoje não pode ser descartada nem garantida (nota: escrevo no dia 18 de março). A verdade é que estamos em meio a um quadro imprevisível, afastando-se cada vez mais da tradicional conciliação moderada de feição conservadora. Mas, supondo que o governo

Dilma resista, e ocorra a eleição em 2018, a oposição terá alguns desafios, mesmo diante de um governo moribundo.

O primeiro é tirar Lula do futuro pleito, de preferência com base em algum fato legal, como a sua prisão ou a impugnação de sua candidatura. Sem Lula, o PT perderá lastro eleitoral e poderá se fragmentar em vários grupos partidários. Estamos vivendo o momento exato dessa estratégia, ainda com desdobramentos imprevistos. Trata-se de uma estratégia arriscada, pois Lula poderá ser visto como vítima das elites, o que não é de todo descabido, sobretudo pelo eleitorado mais pobre que efetivamente decide as eleições. As pesquisas de opinião que indicam um desgaste de sua imagem ainda são precoces e estão muito distantes da campanha eleitoral de 2018, quando, se tiver palanque, Lula fará valer todo o seu carisma.

O segundo é encontrar um candidato que faça convergir seus interesses, o que não está garantido dentro do PSDB, um partido hesitante com muitas lideranças em conflito. E vale lembrar que, apesar de relativamente preservados na imprensa, os tucanos também estão envolvidos em denúncias de corrupção sistêmica, o que não passará despercebido na campanha eleitoral, apesar de toda provável blindagem. Em 2018, ainda há o fator Marina, que está discretamente preservada do imbróglio político autofágico entre governo e oposição, mas poderá representar uma opção eleitoral de centro, com ares de modernidade. Por fim, há uma incógnita: para quem irá o voto da classe média ultraconservadora e pretensamente "apolítica", que vaia até os tucanos nas manifestações de rua? Será um voto útil no PSDB ou haverá uma candidatura de extrema direita fora das baias dos partidos mais estruturados?

Para o cidadão comum minimamente formado e informado por valores progressistas que quer ver preservada a democracia em seus alicerces básicos, a sanidade pública e o bom senso político, a conjuntura brasileira atual é desoladora. O bom combate contra a corrupção, que poderia unificar um grande movimento reformador, se perde em críticas grosseiras e em bate-panelas que mal escondem palavras de ordem fascistas e preconceituosas. As reformas política e tributária, que poderiam ser os eixos de uma reforma efetiva de Estado, saíram de pauta ou foram distorcidas. O saudável embate ideológico entre os que pensam diferente se perde em intolerância, agressões públicas e bate-bocas improdutivos. As críticas às mazelas sociais do Brasil se perdem em análises superficiais e defesa de soluções fáceis e autoritárias.

Seja qual for o resultado desta crise, tudo indica que a já frágil democracia brasileira estará ameaçada.

A HISTÓRIA COMO HIPERFICÇÃO

Sidney Chalhoub,
20/03/2016[1]

Itaguahy é aqui e agora, diria talvez Machado de Assis, ao observar o ponto ao qual chegamos. Ao inventar Simão Bacamarte, o protagonista de *O alienista*, Machado mobilizou sem dúvida referências diversas, tanto literárias quanto políticas. Parece certo que se inspirou também em personagens históricas concretas, ou em situações de sua época que produziam tais personagens. Na década de 1880, habitante da Corte imperial, ele assistia havia décadas à ciranda infindável de epidemias de febre amarela, varíola, cólera, etc. e a luta inglória dos governos contra tais flagelos. O pior da experiência era que o fracasso contínuo das políticas de saúde pública, ou da higiene pública, como se dizia com mais frequência, provocava, paradoxalmente, o aumento do poder de médicos higienistas e engenheiros. Esses profissionais se encastelavam no poder público munidos da "ciência" e da técnica que poderiam renovar o espaço urbano de modo radical e "sanear" a sociedade. Demoliam-se casas populares, expulsavam-se moradores de certas regiões, reprimiam-se modos de vida tradicionais, regulava-se muita cousa sob o manto do burocratismo cientificista. E as epidemias continuavam. Machado de Assis refere-se a esse quadro como "despotismo científico", em *O alienista* mesmo, ao descrever "o terror" que tomara conta de Itaguahy diante das ações de Bacamarte. Havia inspetor de higiene

---

[1] Publicado no blog Conversa de Historiadoras (conversadehistoriadoras.com).

e engenheiro da fiscalização sanitária a agir com convicção de Messias, cheios de autoridade, inebriados de seus pequenos poderes.

Simão Bacamarte, portanto, é desenhado *d'après nature*, para usar a expressão daquele tempo meio afrancesado, por mais caricatural que a personagem possa parecer. A arte imita a vida, segundo Machado de Assis, quem sabe. A estória que contou é conhecida por todos, talvez uma das referências intelectuais clássicas mais compartilhadas nesta nossa república da bruzundanga. Por isso é uma estória boa para pensar a nossa condição coletiva, Brasil, março de 2016. Bacamarte queria estabelecer de maneira objetiva e irrefutável os limites entre razão e loucura. Conseguiu amplos poderes da câmara municipal, dinheiro para construir a Casa Verde, seu hospício de alienados, e passou a atuar como que ungido por suas convicções científicas. Ao contrário do que imaginara inicialmente, encontrou uma diversidade assombrosa de loucos. Se o eram mesmo, continuam conosco, como os impagáveis loucos "ferozes", definidos apenas como sujeitos grotescos que se levavam muito a sério. A galeria de loucos que tinha a mania das grandezas é quiçá a mais relevante em nossa situação atual. Havia o cara que passava o dia narrando a própria genealogia para as paredes, aquele pé rapado que se imaginava mordomo do rei, e outro, chamado João de Deus, propalava que era o deus João. O deus João prometia o reino do céu a quem o adorasse, e as penas do inferno aos outros. Ainda hoje em dia, Simão Bacamarte acharia material humano de sobra para encher a Casa Verde. Se ampliasse a pesquisa para a internet, ele teria de investigar a hipótese de a loucura engolfar o planeta inteiro. Afinal, segundo ele, "a razão é o perfeito equilíbrio de todas as faculdades; fora daí insânia, insânia, e só insânia". Ou talvez não. Se Bacamarte lesse e visse a grande mídia brasileira, é possível que concebesse um conceito mais circunscrito de alienação mental. Sem a cacofonia virtual estaríamos expostos apenas à monomania de uns poucos, e a diversidade de opiniões é sacrossanta nesta nossa hora. Bendita internet.

O messianismo cientificista de Bacamarte se foi. Mas o curioso é que a ficção dele criou raízes na história brasileira, virou realidade. Muitos entre nós, de cabelo bem grisalho ou até nem tanto, lembrarão a situação do país no final dos anos 1980 e no início da década seguinte, a viver a passagem sem ponte da ditadura para a hiperinflação. Em retrospecto, penso que havia um quê de continuação da ditadura naqueles planos econômicos todos que produziram até uma nova caricatura de Messias, o caçador de marajás. Agora, a população não era mais culpada de viver na imundície e nos maus costumes, a causar epidemias de febre amarela. No entanto, estava inoculada pelo vírus da cultura inflacionária. Daí vieram os czares da economia ou ministros da Fazenda, ou que nome tivesse aquela desgraceira. As "autoridades" daquela ciência cabalística confiscavam poupança, congelavam preços, nomeavam "fiscais" populares dos abusos econômicos, podiam fazer o que lhes desse na veneta. Mas dava errado. A inflação voltava, os caras não acertavam. Vinha outro plano, mais confisco, mais arrocho salarial, e nada. Viveu-se assim por uma década, ou mais. Cada ministro era um pequeno deus, cujo poder tinha relação direta com a sua profunda ignorância sobre o que fazer para dar jeito na Bruzundanga. Os higienistas do final do século XIX e os economistas do final do século XX tinham muito em comum. Em algum momento, o despotismo econômico se foi. Tinha de passar, passou. Tivemos democracia por algum tempo, com todos os seus rolos, mas sem salvadores da pátria, o que era um alívio. Livres, ainda que sob a batuta do deus mercado, uma espécie de messianismo sem messias, ou sem endereço conhecido.

Eis que surge, leve e fagueiro, o messianismo judiciário. De onde menos se esperava, a cousa veio. Simão Bacamarte encarnou de novo, vive-se a história como a realização radical da ficção, hiperficção. As operações de despolitização do mundo são as mesmas – no despotismo científico do XIX, no despotismo econômico do XX, no despotismo judiciário do século XXI. De repente, num processo que historiadores decerto explicarão no futuro, com a pachorra e a paciência daqueles que não vivem o presente às tontas, pois não sabem esquecer o passado, um determinado poder da República se emancipa dos outros, se desgarra, engole tudo à sua volta. Em nome da imparcialidade, da equidade, da prerrogativa do conhecimento (tudo igualzinho aos higienistas e aos economistas de outrora), eles *provincializam* a nação inteira, e negam, a cada passo, o que professam em suas perorações retóricas: agem de forma partidarizada, perseguem determinados indivíduos e organizações, transformam a sua profunda ignorância histórica num poder avassalador.

Todos sabemos como terminou a estória de Simão Bacamarte. Depois de testar tantas hipóteses, de achar que a loucura poderia quiçá abarcar a humanidade inteira, ele concluiu que o único exemplar da espécie em perfeito equilíbrio de suas faculdades mentais era ele próprio. Por conseguinte, o anormal era ele, alienado só podia ser quem não tinha desequilíbrio algum em suas faculdades mentais. Bacamarte trancou-se na Casa Verde para pesquisar a si próprio e lá morreu alguns meses depois. Pode ser que haja aí um bom exemplo. Alguém saberia dizer, por favor, onde Machado de Assis deixou a chave da Casa Verde?

P.S.: A semelhança entre Simão Bacamarte e um determinado juiz de província do Brasil atual me foi sugerida por um amigo aqui de Harvard, a quem agradeço pela inspiração. Obrigado a todos aqueles que sairão às ruas, neste 18 de março, em defesa da democracia.

A JUSTIÇA BURGUESA

Anna Gicelle Garcia Alaniz,
22/03/2016[1]

Há momentos em que é necessário superar a embriaguez dos discursos políticos, partidários, ideológicos e encarar que a sociedade humana é muito mais complexa do que as categorias que formulamos para compreendê-la. Este texto pretende dimensionar algumas questões óbvias, que, no calor dos ânimos tão exaltados que enfrentamos, estão sendo escamoteadas e deixadas propositalmente de lado por todos os envolvidos no debate. Peço desculpas, portanto, pela simplicidade e pelo didatismo de algumas informações; este não é um texto de reflexão historiográfica e sim para lembrar o óbvio a quem está fingindo que não vê.

Neste momento existem dois tribunais, além daqueles previstos pela Constituição, em funcionamento no Brasil: a mídia e o Facebook. Embora os tribunais oficiais e legítimos ainda deixem muito a desejar em termos de justiça, a interferência massiva de uma mídia partidarizada e de uma rede social que retroalimenta os ódios está cobrando um preço muito caro nestes tristes tempos. Desinformação e linchamento virtual, irracionalidade e violência, tudo contribui para um caldo de cultura perigoso e inaceitável.

Durante toda a minha vida eu tive como um fato de que a, assim denominada, *justiça burguesa* não é suficiente para os pobres, para os explorados e para os oprimidos. Vivemos em um país em que a polícia militarizada, triste excrescência dos tempos ditatoriais,

---

[1] Publicado no blog "Compartilhando Histórias" (compartilhandohistorias.wordpress.com).

reina incólume nas periferias cometendo todo tipo de arbitrariedades, amparada por amplos setores de um Poder Judiciário conservador. E é conservador porque os mecanismos de concursos e nomeações são praticados dentro de um nepotismo rasteiro e obscuro.

Nenhum dos três poderes que compõem a República está acima da lei. Mas, enquanto o Legislativo e o Executivo estão sempre na berlinda da mídia e da sociedade, o Judiciário mantém seus controles internos e não presta contas a ninguém. É o que desejamos em uma sociedade moderna? É claro que não.

Mas vamos pensar com um pouco de discernimento e atentar para alguns detalhes que contam. Como era a justiça em tempos prévios, quando as repúblicas burguesas não existiam? Como eram os métodos de obtenção de provas? Quem eram os operadores da lei?

Vivemos em uma sociedade com origens eurocêntricas, então olhemos para a Europa do passado. No último quartel do século XII, a igreja de Roma organiza seus tribunais inquisitoriais para perseguir e eliminar os cátaros franceses, mas somente em 1376 Nicolau Emérico (ou Eymerich) sintetiza o primeiro manual do inquisidor. Esse manual seria revisto e ampliado em 1578 por Francisco de La Peña.

O manual de Emérico prevê o uso de delações anônimas e torturas físicas para a obtenção de confissões dos suspeitos de heresia. Hoje olhamos para esse texto com náusea e muitos leigos o consideram uma aberração ou uma anomalia histórica. Mas não se trata de uma anomalia, a justiça medieval previa torturas grotescas em vários países europeus, tanto na fase de investigação quanto nas sentenças condenatórias. A pena de morte não era piedosa; ao contrário, era acompanhada de requintes de crueldade e era pública.

Os europeus, e nossos ancestrais latinos não eram exceção, compraziam-se em reunir-se nas praças públicas para ver pessoas sendo rasgadas, evisceradas e garroteadas vivas. Seria de se pensar que evoluímos desde então, mas a sede de sangue demonstrada nas redes sociais parece devolver-nos a essas origens vergonhosas. Basta uma série de manipulações midiáticas grosseiras para que nossos contemporâneos se transformem em bestas ignorantes sedentas de tortura e morte.

Hoje, nós que nos consideramos à esquerda do espectro político, podemos considerar a justiça burguesa falha e insuficiente, mas não devemos esquecer o quanto de ganho efetivo as liberdades burguesas significaram na passagem do século XVIII para o XIX. A primeira reivindicação de direitos humanos provém desses tempos, na esteira da Revolução Francesa, e é o momento em que se pensa que todos os homens nascem iguais. De todos, até hoje, esse foi o conceito mais revolucionário e mais importante para a humanidade.

É claro que ainda estamos lutando, e muito, para tornar realidade essa igualdade teórica; não poderia ser diferente em um mundo que substituiu as castas pelas hierarquias classistas e sexistas. Mas é muito importante que não se perca de vista que liberdade, a privacidade e o benefício da dúvida contido na presunção de inocência deveriam ser as bases dessa justiça burguesa na teoria. Quando algum setor social defende que qualquer dessas liberdades seja suprimida, deveríamos reagir imediatamente.

Tribunais inquisitoriais não são legítimos em regimes republicanos, mesmo que tenham apoio popular. Provas obtidas ilegalmente são nulas. Violação dos direitos humanos contidos no artigo quinto da nossa Constituição e nos tratados internacionais de que o Brasil é signatário não se justificam em hipótese alguma.

E essa é uma discussão que não deveríamos estar realizando em pleno século XXI. O apoio a qualquer medida inquisitorial dentro de um período democrático envergonha profundamente a nossa condição de seres humanos. E não apenas isso, rasga o tecido social expondo a hediondez dos preconceitos que se escondem sob a capa da civilidade tão tristemente aviltada e destruída.

O benefício da dúvida e a presunção de inocência, que constituem uma das bases mais importantes da justiça moderna, não podem ser abandonados em função do furor partidário. Em nenhuma instância. Lembro aos leitores que nem mesmo os Estados Unidos, ao implantar o infame Ato Patriótico, tiveram a coragem de manter prisões inquisitoriais em seu território e as relegaram a Guantánamo e a suas bases militares pela Europa e Oriente Médio.

O que estamos assistindo neste triste momento histórico, com os tribunais que violam leis, a mídia que aplaude e um golpe de Estado em pleno andamento, é a conspurcação final da República. República que não tivemos efetivamente até a promulgação da Constituição de 1988 e que ainda estamos construindo com muito custo. Setores inteiros da população que jamais tiveram voz pública hoje estão tendo direitos e visibilidade social, e tudo isso pode ser perdido a qualquer momento em uma troca de poder ilegítima.

Não são os militares que nos ameaçam e sim uma turba de civis ensandecidos que está sendo manipulada para apoiar a destruição do estado democrático de direito e uma transição de poder totalmente golpista. Golpes não precisam ser militares para ser ilegítimos; existe um aumento de golpes civis baseados em equívocas manobras judiciais ocorrendo na América Latina. Do mesmo modo que um tribunal não precisa apelar a torturas físicas para ser inquisitorial; basta que elimine os direitos essenciais dos investigados e aceite delações sem provas materiais.

Os argumentos dos setores golpistas da população nem sequer são argumentos e será uma prova dura se as nossas instituições democráticas não conseguirem se contrapor à sanha odienta desses setores. Mas assusta mais ver certos setores da esquerda e de alguns movimentos sociais torcendo pelo pior porque a democracia que temos não é de seu agrado. Isso demonstra a imaturidade e a irresponsabilidade de grupos geracionais que têm como validação da própria existência apenas as redes sociais e mal vivem no mundo real.

Essa pobre e parca justiça burguesa é o que nos separa da barbárie e do arbítrio. Lutar para melhorá-la talvez seja a única opção que restou dentro da racionalidade do processo civilizatório. Para além dessa realidade estão os dois extremos: o tribunal inquisitorial e o tribunal revolucionário, ambos igualmente arbitrários e discricionários.

Enquanto comunista, deveria estar defendendo a Revolução, mas acredito que já temos problemas demais para conseguir manter este lastimável estado burguês. Não aprendemos ainda a colocar o primado do ser humano acima do "cidadão de bem", e se isso não acontecer, qualquer revolução deverá ser apenas um banho de sangue para levar ao poder seres humanos igualmente corruptos e apenas com um discurso diferente dos que hoje lá estão. É por isso que nestes tempos sombrios eu vou à rua em defesa da democracia.

Pode parecer ingênuo tanto para os direitistas raivosos quanto para os esquerdistas cínicos e *blasés*, mas eu quero ter netos um dia, ou sobrinhos-netos, se for o caso, e quero que a sociedade em que vivam seja plural, igualitária e minimamente justa. Quero isso para que meus eventuais descendentes tenham espaço para continuar lutando por um mundo melhor, como eu tenho lutado a vida inteira, dentro do meu parco alcance. Para que cada vez menos pessoas se sintam confortáveis ao aderir a discursos violentos e excludentes.

Esse é o único sonho que me restou nesta altura da vida.

UM JUIZ DA ROÇA

*André Machado,
23/03/2016*[1]

Ainda no calor das primeiras horas após a "condução coercitiva" de Lula, Fernando Brito, no site *O Tijolaço*, comparou o juiz Sérgio Moro a um "delegado da roça dos anos 50". Sempre sagaz, Brito não usou a imagem da "autoridade da roça" à toa. Estava ecoando a perplexidade de muitos analistas: como um juiz de primeira instância, em uma região que não está no centro da política nacional, consegue dar marcha a um processo que põe de joelhos algumas das principais figuras da República? A ideia de falta de limites a Sérgio Moro, da inexistência de contrapesos entre os poderes, é o que torna crível a comparação com "delegado da roça dos anos 50". É uma percepção que vai se disseminando a cada atropelo da Lava Jato, a cada prisão preventiva que se eterniza e, agora, pela inacreditável divulgação de grampos que envolvem a própria presidenta da República.

Depois de ler essa matéria foi inevitável lembrar a peça de estreia de Martins Pena: *O juiz de paz da roça*, texto que está disponível integralmente no site *Domínio Público*, um desses biscoitos finos da internet. Apresentada pela primeira vez em 1838, a leitura de *O juiz de paz da roça* é lembrada pelos ex-vestibulandos como um dos rituais de tortura a que foram submetidos antes do ingresso na universidade, talvez acrescida de uma encenação por grupos semiprofissionais que se prestam a montagens caça-níqueis. É uma

---

1 Publicado no portal *Carta Maior* (cartamaior.com.br).

pena. Insisto com meus alunos, futuros historiadores, que a comédia de costumes de Martins Pena é um ótimo mote para discutir o século XIX no Brasil com a garotada.

O juiz de paz foi uma instituição criada em 1828. Tratava-se de juiz leigo, ou seja, não precisava ter uma formação específica para o cargo e era empossado após uma eleição pela comunidade local. Inicialmente, o juiz de paz promovia apenas conciliações e julgava casos de menor importância. Na peça de Martins Pena, isso é materializado nas decisões do juiz sobre casos tolos ou mesmo sérios, sempre contados numa narrativa bizarra, como a reclamação de uma mulher contra um conhecido por lhe dar uma "umbigada" ou uma briga de vizinhos por conta de um porca que atravessou a cerca. Quem menospreza a importância da intervenção do Estado em questões como essas não faz ideia da quantidade de vezes em que a polícia é acionada até hoje para resolver casos parecidos. Basta ver qualquer um dos famosos programas do "mundo cão" na TV para ter claro que a Justiça, para a maioria dos brasileiros, ainda se faz com uma arma, seja na mão de vizinhos briguentos ou de policiais que decidem salomonicamente toda sorte de coisas e impõem as soluções sob a ameaça de prisão ou de coisa pior.

A criação dos juízes de paz foi uma medida defendida com unhas e dentes pelos liberais no Parlamento do Império. Não só conseguiram implementá-lo, como foram progressivamente ampliando o seu poder para causas maiores e até para controle de forças policiais. A ideia por trás disso, entre outras coisas, era de que a justiça não devia estar sob controle de poderes centralizados, evitando-se assim possíveis perseguições do governo. O juiz de paz se tornou um símbolo da luta pela liberdade, como bem apontou Thomas Flory, autor do clássico até hoje sobre a questão.

Os conservadores, por outro lado, sempre viram os juízes de paz com horror. De um lado, a condição de leigo era motivo para toda sorte de crítica do suposto despreparo desses homens para a função. No entanto, o pecado capital para os conservadores era o fato de os juízes de paz serem eleitos localmente. A percepção desse grupo político era que essa "independência" dos juízes de paz os tornava perigosamente incontroláveis. Os conservadores acusavam os juízes de paz de tomarem posições partidárias ou de se submeterem a chefes políticos locais. No Brasil do século XIX, acusações desse tipo são comuns. A esse respeito sabe-se hoje, por exemplo, que os juízes de paz tiveram um importante papel no acobertamento de ações do tráfico negreiro após a proibição de 1831, inequivocamente favorecendo grupos locais.

UM FANFARRÃO SEM LIMITES
Por algum motivo não totalmente claro, Martins Pena fez o seu juiz de paz da roça à imagem e semelhança das críticas dos conservadores. Talvez expressão do seu alinhamento ao Regresso Conservador, ou talvez porque a crítica de costumes vale-se mesmo do exagero. O fato é que o juiz de paz de Martins Pena é um traste e ao mesmo tempo um personagem impagável. A peça faz críticas ácidas a uma série de temas centrais no Império, como o tráfico ilegal de escravos e o recrutamento forçado de homens para o Exército. Mas é quando aparece a figura do juiz de paz que a peça ganha sua força arrebatadora.

É evidente que é o tom cômico das peripécias do juiz que ganha o espectador. Entre discussões sobre umbigadas e porcas fujonas, o juiz é flagrado ganhando um presentinho aqui, resolvendo malandramente um caso ali. Mas o tom cômico é também uma válvula de escape entre os vários episódios de autoritarismo do mandachuva da roça. Assim, logo depois de um debate cheio de duplos sentidos sobre quem era o "filho da égua" de dois vizinhos, o perdedor não se conforma e declara que irá recorrer às instâncias superiores. A resposta do juiz é categórica: ou se calava ou seria recrutado compulsoriamente para o Exército. Em outra ocasião, mediante a reclamação de um morador, o juiz o ameaça com a prisão. Em diálogos cortantes, o morador diz que o juiz não podia fazer isso porque a Constituição não permitia. A revolta do simples roceiro e o recurso à Constituição é algo a ser sublinhado, pois o senso comum brasileiro dá conta que os homens comuns do Império eram uma espécie de bestas ruminantes, que não conheciam seus direitos e eram alheios a qualquer coisa que não fosse a sua vida imediata. Nada mais falso, e os novos estudos têm mostrado isso rotineiramente. O que não quer dizer que os direitos, mesmo conhecidos, não pudessem ser atropelados ontem, assim como hoje. Daí o xeque-mate de Martins Pena: aos berros, o juiz de paz manda o escrivão registrar a sua decisão de revogar a Constituição. A frase, digna de um hospício, tem a sua credibilidade no senso comum de que naquela roça, no Brasil profundo, o juiz é a lei. O morador cala-se.

Há ainda um outro ponto cômico em que o juiz é o centro. Ao final do dia, o juiz prepara-se para encontrar na manhã seguinte um especialista em direito, a fim de pedir aconselhamentos. Frente a um escrivão incrédulo, o juiz confessava suas limitações para as quais tinha inventado um estratagema: sempre que não sabia como decidir um processo, apenas decretava que aquilo "não tinha lugar". Evidentemente, a crítica de Martins Pena era ao fato do juiz de paz ser um leigo e, pressupostamente, um homem despreparado para a função. Mas isso só faz sentido se admitirmos algo que está apenas implícito na crítica de Martins Pena: a ideia de que o direito é uma ciência, uma tecnicalidade que beira a isenção.

O pedido de prisão contra Lula emitido pelo Ministério Público paulista trouxe essa discussão para o centro do debate. Vários dos críticos a essa medida, inclusive um dos autores citados no processo, criticaram o que julgaram ser um pedido juridicamente frágil, ao mesmo tempo ressaltando que o conhecimento jurídico era uma ciência. Quanto a isso, não há dúvida, e mesmo no Brasil temos grandes intelectuais devotados a esse estudo. No entanto, na ponta do processo, entre promotores, procuradores, advogados e juízes, a fronteira entre essa ciência e a simples e pura visão de mundo dos operadores é muito frágil. A questão é que só sabemos disso quando os casos ganham repercussão. Um exemplo envolveu o jogador de futebol Richarlyson, que entrou na Justiça contra um diretor de futebol do Palmeiras por se sentir ofendido pela insinuação de que seria homossexual. Entender a homossexualidade como uma ofensa pode ser algo sem sentido, mas o peticionário não tem uma responsabilidade social ao fazer o pedido; ao contrário do juiz, ao emitir uma sentença. E justamente na sentença o juiz do caso, ao negar o pedido de Richarlyson, não se contenta com a "ciência jurídica": faz questão de ressaltar sua visão de mundo ao dizer que o futebol não era mesmo um lugar para homossexuais.

É bem verdade que o juiz do caso foi punido por essa sentença, mas isso certamente só aconteceu pela repercussão do caso e não passa da ponta do *iceberg*. Para quem dúvida disso, recomendo o excelente filme *Sem pena*, de Eugenio Puppo. Nesse documentário, entre outras coisas, mostra-se o peso das condições de classe e raça nas decisões dos juízes e mesmo no encaminhamento proposto por promotores. Talvez daí valha mesmo a pena a crítica feita à esquerda para aqueles que se indignaram com a "condução coercitiva" de Lula: parece que só agora uma classe média ilustrada descobriu o tratamento que a Justiça dedica aos pobres há muito tempo.

A JUSTIÇA PRECISA PARECER JUSTA

Se nenhum poder é absoluto, talvez a justiça seja o tempero cuja falta põe a desandar o caldo da legitimidade dos regimes políticos. Há uma relação muito estreita entre o poder e a justiça desde sempre. Na mitologia bíblica, a passagem que consagra Salomão como o mais sábio de todos os governantes não é uma estratégia militar ou econômica: é a sua sagacidade para decidir qual entre duas mulheres era a verdadeira mãe de um bebê. O rei sábio, enfim, é o rei justo.

Essa é uma regra que se aplica, para surpresa de muitos, até mesmo no período do absolutismo. Como lembra o brasilianista Stuart Schwartz, durante o absolutismo era a administração da justiça a razão da existência dos reis. Daí, encontrar a exata medida da justiça é a arte de governar. Como lembrava meu mestre, o historiador húngaro-brasileiro István Jancsó, uma das grandes dificuldades do governo português para controlar os movimentos sediciosos que se avolumaram na América do século XVIII é que a crise sistêmica que se abateu sobre esse mundo deixou menos nítida a fronteira entre o que era permitido e o que era vetado. Daí que pouco tempo depois do esquartejamento de Tiradentes era possível encontrar no Rio de Janeiro quem dissesse, sem ser punido, que os franceses tinham feito muito bem em matar seu rei. Para Jancsó, muitas autoridades tinham medo de que a repressão fosse enxergada como uma injustiça e isso acabasse com a legitimidade do regime político.

Qual é o ponto em que o juiz ou o justiceiro perde a legitimidade? Essa é uma das perguntas mais saborosas da história e para a qual não há uma exata resposta. Mas há muito tempo o historiador inglês Edward Thompson nos ensinou que mesmo populações vilipendiadas pela fome têm o seu limite, aquilo a partir do qual a miséria humana e as opressões não podem ser mais justificadas. É o momento em que se identifica a injustiça, com consequências muitas vezes drásticas para os antigos senhores.

Aí pode estar o erro fatal de qualquer candidato a justiceiro: para ser legítima, a justiça *precisa* parecer justa.

DESFAÇATEZ DE CLASSE

*Sidney Chalhoub,
25/03/2016*[1]

Os futuros anais históricos da Bruzundanga contarão admirados as efemérides daqueles remotíssimos dias de março de 2016. No quarto dia daquele mês, sexta-feira aziaga, certo juiz da roça, um tanto guapo, outro tanto aloprado, prendeu por um dia um ex-presidente da República que era também um ex-operário. O acontecimento espetacular acelerou a história.

As duas semanas seguintes foram um deus nos acuda. O juiz da roça, ao que se dizia um simpatizante do partido da ave de bico comprido, bisbilhotou e divulgou ilegalmente conversas de autoridades diversas, até mesmo da presidenta da Bruzundanga. O magistrado de província justificou os atos que praticara à revelia da lei como decorrentes da elevadíssima estatura moral de sua pessoa e de seus propósitos. Tais escutas telefônicas, consideradas de gravidade ímpar por parte da imprensa que as considerou de gravidade ímpar (*sic*), tinham como objetivo conclamar a massa dos cidadãos parrudos da República a ir para a rua e mostrar a sua cara.

Eles foram. Carregaram cartazes com a cara do juiz da roça, que não coube em si de contente e filosofou, mui profundamente, sobre a sabedoria das ruas e a necessidade de ouvi-las. Era preciso derrubar o governo da Bruzundanga. Dirigentes do partido da ave de bico comprido e do partido que nunca está fora do poder reuniram-se para planejar o novo governo, nomear ministros, pactuar

---
[1] Publicado no blog Conversa de Historiadoras (conversadehistoriadoras.com).

o aprofundamento da política econômica em curso, que não vinha dando resultado, o que comprovava a excelência de sua concepção.

Uma sumidade do partido da ave de bico comprido acalmou os políticos que seriam depostos, perseguidos pelo juiz da roça e enviados para o calabouço. Explicou mui serenamente que o novo governo não seria vingativo. Um magistrado da Altíssima Corte do país tagarelava todos os dias, em entrevistas à mídia, a respeito de como julgaria os processos que ainda lhe chegariam à mesa para julgar (*sic*). Num último lance genial, uma espécie de cereja do bolo, um ex-presidente que era também um ex-intelectual, muito indignado com a possibilidade de o ex-presidente que era também um ex-operário ocupar uma pasta ministerial, sentenciou: "analfabeto não pode ser ministro".

Que tempos memoráveis! Machado de Assis, intérprete-mor da Bruzundanga, escreveu um livro, intitulado *Memórias póstumas de Brás Cubas*, que consistiu numa espécie de tratado de interpretação sociológica das duas semanas da história da Bruzundanga, naquele ano de 2016, decorridas entre o quarto e o décimo oitavo dias de março. Em tal compêndio de sapientíssima hermenêutica do repertório simbólico da sociedade bruzundanguense, o autor formulou o conceito de *descaramento ou desfaçatez de classe*.

Autor genial e complexo, Machado de Assis só teorizava por meio de alegorias, ou por linhas tortas, que é um jeito mais simples de dizer a mesma cousa. Por isso inventou Brás Cubas, outro guapo da história pátria, narrador e protagonista das *Memórias*. Brás Cubas não era um autor defunto, mas um defunto autor. Quer dizer, ele decidiu contar a própria história depois de morto, enviando os capítulos, direto do além-mundo, por correio sideral. A circunstância de morto dava ao autor daquelas páginas uma desenvoltura primorosa: "Agora... que estou cá do outro lado da vida, posso confessar tudo"; e se o livro, "fino leitor", "te não agradar... pago-te com um piparote", que, ao que parece, era como se dizia "peteleco" naquela época.

Por conseguinte, o primeiro elemento constituinte do conceito de *desfaçatez de classe* é o transbordamento de autoconfiança, ou o impudor radical, que passa a guiar as atitudes de Brás Cubas e seus semelhantes. Podem "confessar tudo" o que pensam e fazem. Brás Cubas foi sujeito rico, dono de propriedades no Rio de Janeiro imperial, senhor de escravos, entre eles Prudêncio. Este era "um moleque de casa", "o meu cavalo de todos os dias"; "punha as mãos no chão, recebia um cordel nos queixos, à guisa de freio, eu trepava-lhe ao dorso, com uma varinha na mão, fustigava-o". Se Prudêncio reclamasse, Brás retorquia: "Cala a boca, besta!".

Brás Cubas sofria de monomania em relação às mulheres. Ele organizou a sua narrativa em torno das personagens femininas de sua vida, desde Pandora ou a mãe Natureza, que lhe aparecera no delírio derradeiro antes da morte (ou no momento do nascimento do defunto autor), até Virgília, passando por Eugênia, Marcela, dona Plácida etc. Dona Plácida foi uma criada da família de Virgília, que se tornou depois alcoviteira dos amores clandestinos desta senhora com o memorialista.

Brás se perguntou certa vez sobre a utilidade da vida de dona Plácida, queria desvendar o porquê de sua vinda ao mundo. Chegou à seguinte conclusão: "para queimar os dedos nos tachos, os olhos na costura, comer mal, ou não comer, andar de um lado para outro, na faina, adoecendo e sarando, com o fim de tornar a adoecer e sarar outra vez, triste agora, logo desesperada, amanhã resignada, mas sempre com as mãos no tacho e os olhos na costura, até acabar um dia na lama ou no hospital".

As historietas de Prudêncio e dona Plácida encapsulam o segundo elemento constitutivo do conceito de *descaramento ou desfaçatez de classe*. A *desfaçatez de classe* acontece quando a classe brascúbica, uma vez achacada de crise de despudor, como ocorreu na Bruzundanga naquelas memoráveis jornadas de março de 2016, destampa ao mundo os mais recônditos segredos de sua maneira de ver as cousas, segundo a qual negros, mulheres e pobres existem para ralar ou empurrar traquitanas enquanto o patronato chiquérrimo vocifera, à beira-mar, contra a presidenta eleita.

Brás Cubas articulou teoricamente a ideia, central ao conceito sociológico de *desfaçatez de classe*, de que as desigualdades ou injustiças sociais são parte necessária da paisagem, assim como as montanhas, os rios e as praias: "Outrossim, afeiçoei-me à contemplação da injustiça humana, inclinei-me a atenuá-la, a explicá-la, a classificá-la por partes, a entendê-la, não segundo um padrão rígido, mas ao sabor das circunstâncias e lugares".

Quiçá o momento analiticamente mais promissor das jornadas de março de 2016 tenha sido o comentário do ex-presidente que era também ex-intelectual, de que "analfabeto não pode ser ministro". A concisão dialética da frase é notável. Ao decifrá-la à luz do conceito de *desfaçatez de classe*, temos uma visão de mundo construída por metáfora, ou pela transposição do sentido próprio ao figurado. Assim, "analfabeto" significa a maioria da população da Bruzundanga, cujo lugar social, em respeito à tradição, deve permanecer o mesmo na longa duração histórica, com tendência ao infinito. Já "ministro" é fórmula abreviada de dizer classe brascúbica, conforme a definição de Machado de Assis (*op. cit.*, *passim*).

Um participante das manifestações de 18 de março contrárias ao impedimento da presidenta foi às ruas com um cartaz no qual criticava a tese de Machado de Assis a respeito da *desfaçatez de classe*, por considerá-la desnecessariamente hermética. Segundo o manifestante, a crise política da Bruzundanga se resumia ao seguinte: "Quando a senzala aprende a ler, a casa grande surta". Isso escrito em letras garrafais, o que é uma maneira de vencer no grito, e Machado de Assis era gago, o que de antemão deu ganho de causa ao crítico popular.

Os anais históricos da Bruzundanga guardam um enigma. Os historiadores não descobriram o que aconteceu depois das jornadas de março. Uns dizem que as duas semanas de *desfaçatez de classe* demonstraram o poder invencível da classe brascúbica; logo o impedimento da presidenta era *fait accompli*, favas contadas. Outros, adeptos de ver as cousas por meio de velhos adágios populares, sustentaram que "a cura veio pelo excesso do mal". O *descaramento de classe* suscitou o demônio rubro da resistência, quer dizer, a virada satânica da história.

Outra personagem popular, cheia de ouvir tanta teoria, recorreu ao tesouro de sabedoria do esporte bretão e acabou com esta crônica: "O jogo é jogado, e só acaba quando termina".

O BRASIL À BEIRA DO ABISMO DE NOVO

Rodrigo Patto Sá Motta,
28/03/2016[1]

Estas são reflexões de alguém que há muitos anos vem se dedicado a estudar e entender a história política brasileira. E que está perplexo com o momento vivido pelo país, situação tanto mais difícil por estar vivendo no exterior desde janeiro de 2016 como professor visitante. Venho acompanhando o noticiário, ao mesmo tempo preocupado com os futuros desdobramentos da crise e angustiado pela distância e incapacidade de participar dos eventos. Por isso a vontade de escrever sobre a situação atual e tentar contribuir para a sua compreensão. Resolvi efetivamente fazê-lo quando recebi uma provocação de alunos da Unimontes, que me pediram opinião sobre a crise e uma comparação com os idos de 1964. Farei essa comparação ou analogia com a nossa última grande crise política e, ao final, algumas conjecturas sobre os possíveis desdobramentos. A análise é ligeira devido à urgência e falta de tempo; pela mesma razão o estilo será sacrificado (mas espero que a gramática se salve).

A primeira coisa a registrar é a sensação de surpresa com a crise atual. Quem imaginaria isso em 2011, quando Dilma assumiu? É certo que as jornadas de junho de 2013 revelaram uma ebulição política crescente, uma insatisfação difusa entre os jovens, setores das classes médias e o crescimento da opinião de direita no país. Mas naquele momento era difícil imaginar que as coisas tomariam o atual rumo. Vivemos uma polarização política que de fato traz à

---

[1] Publicado no site da Associação Nacional de História (site.anpuh.org).

memória 1964, pois existem muitos ingredientes semelhantes. Há algum tempo os ecos de crises políticas anteriores têm se apresentado no contexto recente, aliás, um indício da existência de fatores estruturais a influenciar o jogo político. A menção a fatores estruturais implica não apenas o quadro econômico, mas, sobretudo a cultura política, ou seja, a existência de valores, representações e comportamentos políticos arraigados que, ao mesmo tempo, mobilizam os atores e lhes fornecem argumentos para a luta. Determinados projetos e valores políticos continuam no cerne dos embates, a demarcar o campo entre os atores que disputam o poder. Da mesma forma, vemos alguns repertórios políticos sendo reapropriados e utilizados novamente no cenário político, com uma crescente radicalização que faz lembrar a grande crise de 52 anos atrás. Aliás, parece-me que vivemos o quadro mais crítico desde 1964, com a sensação novamente de que pode haver ruptura institucional devido ao grau de radicalismo de alguns agentes políticos. A mobilização crescente vai provocando efeitos sobre muitos cidadãos que se sentem intimados a tomar posição, a escolher um lado. Portanto, há uma tendência para a polarização, o que pode envolver não apenas as pessoas, como as instituições, gerando potencialmente o impasse e uma solução pela via da ruptura.

Como dizia, os ingredientes dessa tensão política são parecidos com a crise de 1964. Há um governo de centro-esquerda acuado pela grande mídia e com apoio minoritário no Congresso, em quadro de crise econômica. Vemos uma semelhante mobilização de grupos de direita e protestos de rua contra o governo, que é atacado igualmente com argumentos anticomunistas e anticorrupção. Setores majoritários das classes médias e superiores mostram-se em estado de rebelião, dispostos a derrubar o governo da maneira que for possível, sem maiores preocupações com o respeito às regras institucionais. Embora divididos no momento inicial, setores de esquerda e progressistas tendem a aproximar-se na defesa das instituições e dos projetos sociais que o governo representa, procurando mobilizar também as ruas e os movimentos sociais. Como em 1964, o ocupante do Poder Executivo é herdeiro de um grande líder anterior, figura carismática com grande capacidade de aglutinação; no entanto, infelizmente, não possui a mesma habilidade do seu mestre, detalhe que contribuiu para piorar a crise. Embora mobilizados e presentes no cenário, presumivelmente mais inclinados em favor do governo de centro-esquerda, os setores populares parecem menos dispostos a ocupar as ruas do que a classe média. Pelo menos até o momento.

Um aspecto curioso merece atenção, ainda na linha da cultura política e dos fatores estruturais. Na sua origem, o PT fez uma crítica aguda do que então era chamado populismo, uma expressão que, a depender do uso, poderia significar tanto o varguismo como suas ligações com o comunismo, e também o nacionalismo e o desenvolvimentismo. Tais críticas representavam um repúdio alimentado por convicções políticas, mas, também, uma estratégia para demarcar o espaço de afirmação para um novo grupo de esquerda. Pois bem, paradoxalmente, na sua idade madura o PT encontrou-se na condição de herdeiro do mesmo legado que tanto havia criticado, creio que menos por opção consciente e mais movido pela lógica das estruturas políticas. E a ocupação desse espaço político e desse projeto (desenvolvimentismo e reformismo moderado apoiados em uma liderança carismática) atraiu contra o PT os mesmos grupos e argumentos críticos de outrora: a opinião liberal e conservadora, o temor da direita de que um líder com tal carisma não possa ser vencido nas urnas, a manipulação do anticomunismo e das críticas à corrupção. Esse último tema, aliás, mereceria um estudo à parte, por sua força como elemento de mobilização política para desestabilizar governos. Claro que corrupção existe e deve ser apurada, mas óbvio também que é um quadro sistêmico. O fato de tornar-se motivo para mobilização oposicionista apenas em determinados contextos e contra alvos específicos é muito revelador. A sensibilidade anticorrupção só eclode de maneira grave quando alguns grupos consideram o governo inaceitável. Está virando uma tradição brasileira usar discursos anticorrupção para desestabilizar e retirar do poder um governo indesejável (para certos grupos, claro), sem que os problemas estruturais que geram a corrupção sistêmica sejam enfrentados.

Quanto ao anticomunismo é realmente curiosa a sua mobilização contra o PT, já que o partido originalmente fazia duras críticas aos PCs. Mas, por outro lado, é também natural a convergência entre anticomunismo e antipetismo, já que o PT tem um núcleo marxista e aliados à esquerda. Ademais, é tentador para as forças de direita fazer uso da tradição anticomunista, que demonstrou ser bastante arraigada no Brasil. Como o mesmo discurso mostrou-se muito eficiente em 1964 (como mostrei na tese de doutorado, *Em guarda contra o perigo vermelho*), seria de se esperar o seu aproveitamento no atual contexto, embora com frequência isso ocorra de maneira canhestra. A propósito, alguém terá que fazer um bom estudo sobre o antipetismo, uma pesquisa que, ao meu ver, terá de compará-lo com o anticomunismo. A mobilização do anticomunismo contra o PT tornou-se mais forte a partir das eleições de 2014 – quem não se lembra dos gritos de "vai para Cuba"? Mas é algo presente desde as eleições de 1989, tendo se incrementado ao mesmo passo que o crescimento do PT e sua chegada ao poder.

Por que o ódio ao PT e aos governos por ele liderados? O PT não é um partido comunista e tampouco tem feito governos radicais, o que torna os ataques de direita bastante desproporcionais. Mas os governos petistas implantaram programas de distribuição de renda e políticas de inclusão em favor de grupos socialmente marginalizados, medidas muito necessárias, aliás. Ainda que os efeitos sejam importantes para os beneficiados e apontem para melhorias positivas em nossos indicadores sociais, está claro que não há radicalismo e tampouco projetos revolucionários. Ademais, como é sabido, setores empresariais ganharam muito dinheiro nos anos de ouro do governo Lula. Porém, os efeitos simbólicos e políticos das mudanças sociais são desproporcionais, já que a perda de alguns privilégios e de *status* são percebidos como agressão por pessoas das classes superiores (pobres viajando de avião, empregadas com direitos sociais etc.).

No caso dos setores das classes médias alcunhados de "coxinhas", parte da sua insatisfação vem da sensação de terem sido esquecidos pelo Estado, com base na percepção de que os governos petistas atenderam apenas aos pobres e aos ricos. Diga-se de passagem, aí foi cometido grave erro político: permitir que entre a classe média avultasse o sentimento de abandono, pois esse segmento social foi a base para a desestabilização de governos anteriores como Vargas e Goulart.

Outro fator que explica a maré montante da oposição é a insatisfação da grande mídia, cujo temor maior é que os governos petistas estabeleçam controles sobre os meios de comunicação ou reduzam os privilégios das grandes empresas. A propósito, em 1964 acusou-se o governo Goulart de planejar coisa semelhante, mas com outros meios. Ele foi denunciado pelo suposto projeto de estabelecer monopólio sobre o papel-jornal, um estratagema usado tanto por Vargas como Perón para domar a grande mídia. Também deve-se levar em conta, é claro, a força crescente da opinião liberal, que discorda das políticas desenvolvimentistas (estatistas) aplicadas nos últimos anos. Nesse barco estão profissionais liberais e assalariados de classe média, que são movidos por ideias, mas também setores com interesses materiais em jogo e que são presumivelmente financiadores de certas campanhas, ou seja, grupos empresariais (internos e externos) que percebem no Estado um concorrente incômodo.

Toda essa insatisfação se expressa nas ruas (e nas redes sociais) com críticas virulentas ao PT que mobilizam alguns argumentos críveis somente para os mais passionais e ingênuos. De fato, há muitos novos cidadãos por aí, pessoas que descobriram a importância da política e desejam participar, mas com incrível ignorância da história do país e do mundo, tornando-se mais facilmente manipulados. Isso talvez explique como é possível aceitar o argumento de que vivemos uma ditadura petista, ou que o governo seja socialista ou comunista. Somente um cidadão com pouco conhecimento da história política (muitos, infelizmente) pode acreditar que está no poder um governo socialista. As políticas sociais em vigor são perfeitamente compatíveis com o sistema capitalista e, caso tenham continuidade, poderão nos levar, dentro de algumas décadas, a atingir padrões sociais parecidos com os das economias dos países capitalistas desenvolvidos. Quanto ao tema da ditadura, vemos uma chocante ignorância sobre o seu significado. Que tipo de governo ditatorial permitiria que sua própria polícia o investigasse? Que ditadura aceitaria uma imprensa livre que diariamente ataca os governantes?

Para encerrar a comparação com 1964 não poderia esquecer a existência de diferenças muito importantes. No plano das representações, a diferença mais relevante, a meu juízo, é que o tema da corrupção no quadro atual é o mais explosivo, com o anticomunismo vindo em segundo plano. Em 1964 foi o contrário, o fator unificador das forças de oposição foi o anticomunismo. Embora Goulart não fosse comunista, bem longe disso, a sua aliança com a esquerda tornava o quadro grave na percepção da direita, que via como possibilidade real a hipótese do projeto de reformas sociais se radicalizar na direção do socialismo. Diferente hoje também, e felizmente, é a ausência do quadro de guerra fria, que tornou o cenário de 1964 mais explosivo. Esses pontos ajudam a explicar por que a questão anticomunista não tem o mesmo peso de outrora. Outro aspecto diferente, ainda bem, é a ausência dos militares do cenário público (quem sabe os nomes dos principais comandantes militares?), atualmente mais reticentes em tornarem-se protagonistas da crise política por saberem os custos de uma intervenção autoritária para a sua corporação. Isso não significa que estamos totalmente livres de ruptura institucional e da entrada em cena dos militares.

Porém uma ditadura militar é o curso menos provável, ao contrário de 1964, quando tanto a direita como a esquerda procuraram atrair os militares para o cenário político.

Há dois outros pontos presentes em 1964 e ausentes da crise atual, dois fatores que foram fundamentais na detonação do golpe. O primeiro deles explica bastante do apoio militar à derrubada de Goulart: a politização dos subalternos das Forças Armadas (cabos, sargentos, marinheiros), que foram cortejados e disputados pelos grupos de esquerda. Os militares perceberam nesse movimento das esquerdas uma estratégia para minar as FFAA (ao supostamente romper os valores de hierarquia e disciplina) e abrir caminho à revolução. O outro aspecto é que Goulart e parte de seus aliados de esquerda estavam em rota de colisão com o Congresso, que consideravam contrário às reformas de base. Para contornar as dificuldades com o Congresso, o grupo presidencial planejou mudanças na Constituição que ampliariam o poder do governo, e para obtê-las a estratégia foi mobilizar as ruas. Tais ações foram percebidas à direita como indícios de uma escalada autoritária da parte do governo e fundamentaram o discurso de que 1964 foi um movimento para salvar a democracia. Nada se comprovou sobre supostas intenções golpistas de Goulart, mas as pressões sobre o Congresso deram credibilidade ao argumento da direita.

Evidentemente, nada de parecido temos no quadro atual, salvo que o governo perdeu boa parte de sua base de apoio e hoje está em minoria no Congresso. Ao contrário de intenções autoritárias, o governo Dilma defende as instituições vigentes e respeita a Constituição. Mesmo assim, há setores da oposição que apontam o autoritarismo do governo e denunciam existência de projeto para perpetuar-se no poder. O fato de o PT ter ganhado quatro eleições seguidas tornou-se um fator de medo, como se isso fosse prova de intenções malignas. Há que lembrar que nos EUA os democratas venceram cinco eleições sucessivas, sem que isso configurasse ditadura. Deve ser lembrado, também, que na eleição de 2014 a oposição esteve muito perto de vencer, e não o fez por erros próprios. O tema tem sido abordado de maneira aparentemente mais sofisticada no discurso de alguns arautos da direita nas redes sociais. Eles divulgam há anos que existiria em curso uma estratégia de inspiração gramsciana para obter hegemonia esquerdista, o que passaria inclusive pelo controle da mídia. Evidentemente, a tese revelou-se furada nos últimos dias, quando a grande mídia em peso se voltou contra o governo e a esquerda. E no que toca à situação da mídia, outra mudança para melhor em relação a 1964: a existência da internet e das redes sociais, que permitem uma circulação mais livre das informações e a quebra do monopólio das grandes empresas. Um grande alento.

Último comentário explorando as conexões 1964-2016. Tanto então como agora, vemos o primado da política afirmar-se com força, empurrando a economia para plano secundário. A crise econômica alimentou a crise política e os interesses econômicos movem muitos atores, é evidente. Mas está claro também que os conflitos e as expectativas políticos são a força principal dos acontecimentos. A crise política agravou o quadro econômico e tem fechado o caminho para a superação das dificuldades econômicas. Não há solução para a crise econômica sem uma saída política. Vivemos sob o primado da política, portanto. E sob a angústia das incertezas, já que nem tudo pode ser previsto e, menos ainda e controlado.

Estamos a experimentar uma eloquente (ainda que dolorosa) lição sobre a essência da política. Existem estruturas e cultura política, como já dito, que funcionam como moldura e pano de fundo. Mas, sobretudo nos momentos críticos, o resultado da obra depende das opções dos atores, cujas ações podem gerar resultados imprevistos, às vezes não desejados. As lideranças tomam iniciativas, mas não comandam os resultados.

Alguns líderes desejavam apenas "queimar" (ou "sangrar") o governo e o PT no início, para vencer a disputa de 2018. Mas a evolução dos eventos gerou a oportunidade de ganhar o poder agora, já, com o processo de impeachment sendo viabilizado pelos erros políticos e econômicos do governo, somados à pressão crescente da opinião de direita e do discurso anticorrupção radicalizado nas ruas. Porém, as lideranças de oposição correm o risco de perder o controle do processo e de serem tragadas pelas mesmas investigações de corrupção que fomentaram. É mais fácil provocar a onda do que cavalgá-la.

Estamos testemunhando o fim da tradição conciliatória na política brasileira? Acabou-se a acomodação? O tema interessa-me em particular, pois a ele tenho dedicado bastante atenção nos últimos anos. Para que os acordos tradicionais funcionassem era preciso contar com a exclusão política de muitos e o desinteresse de outros tantos. Aliás, um dos objetivos da conciliação/acomodação tem sido exatamente garantir o funcionamento do sistema político sem grandes sustos, evitando conflitos graves para manter privilégios políticos e sociais. A exclusão política é, ao mesmo tempo, uma premissa desse jogo e um dos seus objetivos. Porém, em clima de radicalização e aumento de participação política, os acordos são mais difíceis de alcançar. Os próprios governos comandados pelo PT foram baseados também em alguma dose de acomodação, com a diferença significativa de que a estratégia era usar os acordos para fazer mudanças sociais paulatinas. Esse arranjo sustentava-se em alianças com uma parcela dos grupos conservadores e do *establishment* político, muitos deles alimentados pelo fisiologismo. Era uma forma de rendição à lógica do sistema político brasileiro, mas sem abrir mão de um projeto de mudanças sociais. Evitava-se conflitos graves e rupturas, ao mesmo tempo que se fazia avançar algumas pautas sociais. Mas a fórmula parece ter se esgotado. Os sócios conservadores do projeto não acreditam mais na sua viabilidade e os aliados fisiológicos estão a abandonar o navio.

Isso não significa que uma saída acordada para a crise seja impossível. Mas, como acabei de dizer ela é difícil em ambiente de grande mobilização. Alguns atores de oposição até aceitariam acordo, em especial os que podem ser condenados por corrupção caso o processo saia do seu controle. E não tem faltado quem reitere o discurso tradicional de que os brasileiros não são dados ao ódio político, convidando à conciliação. Mas como a oposição faria um acordo depois de ter açulado a opinião pública contra os odiados "petralhas"? Correria o risco de desmoralizar-se diante de suas bases. Além disso, muitos cidadãos, especialmente os mais jovens, estão mostrando indisposição para acordos, o que aparece nos episódios de bate-boca e nos primeiros sopapos de que já temos notícia. Quem sabe essa crise vai ser um marco, uma quebra de paradigmas no que toca aos comportamentos e valores políticos? Ela terá força para gerar uma nova cultura política? Estamos presenciando a formação de uma cidadania mais envolvida com as lutas políticas, mais visceral, mais conflitiva? Menos tolerante com estratégias de acomodação? Veremos em breve.

Na ausência de saída conciliatória, haverá muitos caminhos possíveis e muitas incertezas. O sonho da oposição é aprovar o impeachment de Dilma dentro de algumas semanas e montar um governo de coalizão juntando PMDB e PSDB. E, é claro, barrar em seguida as investigações de corrupção contra os eventuais novos donos do poder. Mas algumas dificuldades têm que ser vencidas. Primeiro, a capacidade do governo e das forças democráticas de barrarem o processo de impeachment. A maneira atabalhoada e abusiva como a operação Lava Jato agiu nos últimos dias aumentou as suspeições quanto a seus objetivos políticos e mobilizou gente que estava indecisa ou inerte. Cresceu a sensação de que seria indecente retirar Dilma Rousseff do poder em um processo presidido por Eduardo Cunha e para entregar o poder a Michel Temer. A mobilização contra o impeachment pode ainda ter sucesso, mas precisa atrair mais gente às ruas nos próximos dias. Outra dificuldade para a oposição é manter a tropa unida, já que as brigas por nacos do poder e pela sucessão eleitoral começaram antes da hora. Ademais, permanece o risco de que os líderes da oposição sejam cassados também se o expurgo anticorrupção for levado a sério. Essas dificuldades e mais o risco de conflitos graves depois de eventual aprovação do impeachment jogam a favor da possibilidade de uma saída negociada, uma trégua (que poderia ser a manutenção de Dilma no governo, mas com uso de instrumentos para inviabilizar uma vitória petista em 2018).

Entre os cenários vislumbráveis, o menos provável parece ser o de ruptura violenta, sem ou com ações militares. Mas quem pode garantir alguma coisa agora? A opinião a favor de intervenção militar é minoritária, mas poderia crescer a depender dos desdobramentos da crise, se houver um impasse institucional. E se os conflitos nas ruas se intensificarem? Quem será chamado para controlar as ruas? Por isso os atores principais do momento, os juízes, procuradores, líderes políticos e donos dos meios de comunicação deveriam agir com responsabilidade.

O caminho político afinal vitorioso deve ser considerado legítimo por ampla maioria, de outro modo vai ser um convite para demandas radicais de virada do jogo. Deve-se ter em mente que uma quebra autoritária significa uma perda e um risco para todos. Pode-se remover o adversário momentaneamente, mas a instabilidade a ser criada significa um risco muito grande de o grupo vencedor não conseguir manter-se no poder. Pode ser um jogo em que todos perdem no final, com não apenas um partido destruído, mas todos, e com o Poder Judiciário igualmente desmoralizado frente à sociedade. Além de eventual saída autoritária clássica, outra possibilidade nefasta é que a destruição das instituições deixe o caminho aberto a todo tipo de aventureiro e oportunista.

Por isso a postura correta é lutar pelo respeito às instituições: defender o sistema legal, a Constituição e os procedimentos jurídicos. As investigações e eventuais punições devem ser levadas a efeito com rigor, mas sem critérios políticos, sem manipulações eleitorais. As investigações em curso estão demonstrando o que já sabíamos: o sistema político brasileiro é corrompido e tem relações promíscuas com grandes grupos empresariais. Mas isso não foi inventado anteontem. Há que aproveitar a oportunidade para investir em reformas e melhorar esse sistema, não permitindo que o tema da corrupção seja manipulado mais uma vez. Quem sabe, também, haverá oportunidade de avançar o tema da reforma política? E também ampliar a cidadania e a participação social na vida política?

Se conseguirmos sair da crise com as instituições em pé, sem retrocessos autoritários, haverá o que comemorar. Melhor ainda (por que não sonhar?), se conseguirmos reforçar o lado bom do nosso sistema político, combater as práticas corruptas, reduzir custos das campanhas eleitorais e fortalecer as lideranças políticas que realmente têm compromissos com a sociedade (seja qual for a sua orientação ideológica, desde que respeitem a democracia e o pluralismo). Fundamental, também, é salvar da destruição os projetos voltados à distribuição de renda e à redução de desigualdades sociais, que não podem ser abatidos em meio à atual crise institucional. Evidente que há aspectos a melhorar e correções a fazer, mas a integração de milhões de pessoas antes excluídas a uma vida social digna foi que o de melhor aconteceu ao país nos últimos anos.

ABRIL DE 2016: O GOLPE PARLAMENTAR

11 a 17 de abril – Atos pela Democracia, Vigílias da Legalidade em todo o Brasil. No Rio de Janeiro, na segunda dia 11, ato com artistas e intelectuais com a presença de Lula.

17 de abril – Votação da admissibilidade do pedido de impeachment pela Câmara dos Deputados em sessão realizada num domingo com transmissão ao vivo pela TV aberta.

26 de abril – Representantes da Frente Brasil Popular e da Frente Povo Sem Medo entregam ao presidente do Senado, Renan Calheiros e ao STF mais de 300 manifestos de entidades e movimentos populares e sindicais contra o impeachment, contra a quebra do Estado Democrático de Direito.

HOMENAGEM DO VÍCIO À VIRTUDE

Hebe Mattos,
10/04/2016[1]

Tentativas maniqueístas de desacreditar intelectual ou moralmente determinadas forças políticas estão na base de todos os fascismos. Infelizmente, os acontecimentos recentes no Brasil chegaram assustadoramente perto disso. Por outro lado, felizmente, os riscos do pensamento único me parecem que estão sendo superados na crise em curso. Sejam quais forem seus desdobramentos, não se farão em nome de qualquer unanimidade artificialmente construída. Estamos diante de um país politicamente dividido. Aprender a lidar democraticamente com isso é parte da solução.

Historiadores profissionais estão fortemente presentes na atual disputa política. O jogo de espelhos da história, que se repete ora como farsa ora como tragédia, assombrou a muitos, que vieram a público exorcizar tais fantasmas. Como escreveu meu amigo Sidney Chalhoub,[2] o jogo ainda está sendo jogado e eu não resisto a contar mais uma história.

A hipocrisia pode ser definida como o elogio que o vício presta à virtude, e as raízes de sua presença na nossa cultura política são sabidamente antigas. Mesmo quando a estavam violando, a legalidade constitucional sempre foi celebrada pela tradição brasileira. Nem os anos abertamente autoritários do Estado Novo chegam a ser completamente exceção a essa regra. Bem antes do

---

1   Publicado no blog Conversa de Historiadoras (conversadehistoriadoras.com).
2   Ver, neste livro, Sidney Chalhoub, "Desfaçatez de classe".

fim do período, lá estava o ditador a criar partidos políticos, como bem nos ensina Ângela de Castro Gomes, no clássico *A invenção do trabalhismo*.[3] O golpe civil militar de 1964 gostava de chamar--se revolução democrática, e Arena e MDB disputaram o poder em eleições regulares ao longo de todos os sombrios anos de chumbo.

Muitos remontam o gosto brasileiro pela hipocrisia na política à tradição católica, que ao propor códigos morais inalcançáveis à maioria dos seres humanos comuns, faz do pecado um pressuposto (como na proibição do uso de anticoncepcionais, para ficarmos num exemplo corriqueiro). Há muito, porém, que o Brasil é um país laico e plural do ponto de vista religioso e que a própria Igreja Católica discute a questão. Discursos únicos não podem dar conta da atualidade política do catolicismo ou do país.

Também a colonização ibérica costuma ser responsabilizada por nossas mazelas políticas. Seríamos uma sociedade de privilégios, mal adaptada à modernidade democrática. Vejo, porém, origem bem mais objetiva na condescendência brasileira com a hipocrisia política. E ela se encontra em nossa peculiar modernidade escravista, estruturadora da fundação do nosso primeiro Estado nacional. O racismo à brasileira e a hipocrisia como tradição política têm origens comuns, se não são, a rigor, a mesma coisa.

Com a independência do Brasil, uma atividade mercantil até então considerada legal e legítima, apesar dos horrores que implicava, que movimentava milhões de libras esterlinas – para ficarmos na então moeda forte do mercado internacional – transformou-se, oficialmente, em crime de contrabando. O reconhecimento da independência do país pela Inglaterra teve como contrapartida um compromisso oficial de extinção do tráfico de cativos africanos, depois ratificado por uma lei aprovada em 1831. Com a emancipação política, o comércio negreiro virou tráfico, e assim se fixaria na memória nacional.

A lei não foi aprovada para inglês ver, como passou para a história. Muitos lutaram para que fosse implementada, mas ela se

---

3   GOMES, Ângela de Castro. *A invenção do trabalhismo*. Rio de Janeiro: Iuperj/Vértice, 1988.

tornou alvo de um vigoroso processo de desobediência civil por parte da classe senhorial que acabou se consolidando no movimento político conhecido como Regresso, que alcançou o poder em 1837. Ainda assim, não conseguiram revogar a lei de 1831 (ainda que tentassem), optando por fechar os olhos para seu descumprimento. A hipocrisia generalizada como política de Estado nascia ali, juntamente com a prática de silenciar sobre a cor dos brasileiros livres nos documentos oficiais.

Invisibilizada na memória pública, a mobilidade social de intelectuais mestiços[4] foi expressiva nas primeiras décadas após a independência. Francisco Montezuma, formado em Direito por Coimbra, e Antônio Pereira Rebouças, advogado por notório saber, combateram o tráfico escravista no Parlamento, como deputados pela província da Bahia. Filho de uma liberta com um alfaiate português, Rebouças tornou-se um dos maiores especialistas em Direito Civil no Brasil do século XIX, como nos mostrou Keila Grinberg.[5] Durante as tentativas de revogação da lei de 1831, discursou no Parlamento denunciando a conivência da chamada "boa sociedade" brasileira com o tráfico de escravizados. Não porque alguns elementos se tivessem corrompido, como por vezes se acusava um ou outro inimigo político, fazendeiro ou funcionário público, mas porque *todos* os produtores rurais brasileiros, pequenos ou grandes, estavam de alguma forma envolvidos com o contrabando.

Homem de seu tempo, Rebouças defendia que os trabalhadores africanos no país fossem todos considerados como colonos livres, e que novos braços africanos fossem trazidos nessa condição. Para tanto, seria preciso revogar outra lei, de 1830, que, baseada em pressupostos racistas, proibia a imigração de africanos livres.

Foi derrotado. Os sobreviventes da terrível travessia continuaram a cruzar clandestinamente o Atlântico e a Serra do Mar, para

---

4 MATTOS, Hebe. *Escravidão e cidadania no Brasil monárquico*. Rio de Janeiro: Zahar, 1999.

5 GRINBERG, Keila. *O fiador dos brasileiros*. Rio de Janeiro: Civilização Brasileira, 2002.

serem ilegalmente incorporados como trabalhadores escravizados às plantações de café, principal produto de exportação do novo país. Desse percurso, porém, quase não ficaram rastros. A ilegalidade trazia consigo invisibilidade social e silêncio. As pessoas morriam nas praias à vista de todos, mas depois de Rebouças, apenas os ingleses continuaram a falar sobre isso. Um relatório do Foreign Affairs de Londres relata mais de 4.000 pessoas desembarcadas entre Copacabana e a Ilha Grande apenas em janeiro de 1838.

Era como se toda a sociedade se fizesse propositalmente muda e cega em relação à continuidade do tráfico negreiro, bem como à cor de parlamentares, como Rebouças ou Montezuma. O Brasil nasceu como nação comandado por corsários de corpos negros que se imaginavam como construtores (quase) brancos de um Império civilizado nos trópicos.

Em 1850, uma segunda lei colocaria fim ao tráfico atlântico de escravizados, com o compromisso de manter, porém, o manto de silêncio sobre a ilegalidade anterior. Desde então, a ideia de que as leis no Brasil podem pegar ou não tem sido repetida. Bem como o jargão histórico que ameaça com a lei os inimigos. Na atual crise política, não existe bordão mais cruel do que o Quero meu país de volta.

Do ponto de vista da velha corrupção política,[6] o risco de mais um tapetão histórico (acho que a expressão é de Luiz Felipe de Alencastro) está mais que nunca no horizonte. Se o clima político atual por vezes lembra o pré-1964, a proposta de um governo Temer a partir do impedimento da presidenta ecoa 1837. Reencenando como farsa o gosto pela hipocrisia generalizada, o réu Eduardo Cunha ameaça o mandato de Dilma Rousseff, presidenta eleita com mais de 54 milhões de votos, entre eles o meu, e a própria democracia.

De novo, não. Os tempos são outros.

---

6   Ver o texto "A 'velha corrupção': carta aberta aos jovens sobre as eleições", de Sidney Chalhoub, neste livro.

BRASIL DESPEDAÇADO

Fernanda Sposito,
15/04/2016[1]

"*Céu de Brasília, traço do arquiteto, gosto dela assim*".

Linha do Equador (Djavan)

Num dia de abril de 2016, Brasília amanheceu dividida. Seguindo a ordem do governador do Distrito Federal, um muro provisório de metal, com dois metros de altura e um quilômetro de extensão, foi instalado na Esplanada dos Ministérios. A Praça dos Três Poderes estava dividida em duas. A medida foi condenada por arquitetos e estudiosos, por ser antagônica aos princípios de liberdade e acessibilidade com que Brasília foi projetada por Oscar Niemeyer e Lúcio Costa.

Na prática e simbolicamente, o muro causa horror. Acende em nós a lembrança de sociedades apartadas, em que povos e grupos sociais foram mantidos cercados, ou foram eliminados, sob a mesma justificativa de "paz social". Para o Brasil, ela é a prova material de que vivemos, neste exato momento, numa sociedade cindida, polarizada. Ainda que se possa questionar o valor dessa polarização, não conseguimos negar sua existência.

---

[1] Texto escrito em 15/4/2016, publicado no Painel Acadêmico (painelacademico.uol.com.br) em 28/4/2016.

Crédito: Antonio Cruz/Agência Brasil

Com isso, vem a questão: estaremos à beira de uma guerra civil? Estaremos vivendo um período de ruptura social, evidenciada pelos conflitos ideológicos, que poderá levar ao colapso nossas frágeis instituições democráticas? Vivemos hoje um Brasil despedaçado? Será possível reconstruir as relações pessoais e sociais, reconstruir um país depois que houver (se houver) a ruptura institucional? Para a construção de uma sociedade democrática, até que ponto é possível disputar, divergir, sem a autodestruição?

Na verdade, acredito que essa tentativa de conciliação, de colar os caquinhos, é uma falsa questão. Vivemos numa sociedade que é cindida por definição. A polarização não é nova, não "é culpa do PT", para usar um dos chavões utilizados na atual disputa política. Para nos ajudar a enfrentar esse dilema, recorro a *Rasga coração*, peça teatral de um dos grandes dramaturgos brasileiros, Oduvaldo Vianna Filho.

TESTAMENTO POÉTICO

Vianninha, como era chamado, é conhecido do grande público de maneira indireta. Foi ele o criador de um seriado de sucesso na década de 1970, *A grande família*, recentemente repaginado pela Globo, não com a mesma qualidade do original.

Oduvaldo Vianna Filho (1936-1974), além do nome do pai, herdou dele também o ofício de dramaturgo, e era chamado pelo diminutivo para que não fosse confundido com seu genitor. Comunista, teve um papel ativo nas artes, integrando o Teatro de Arena, em São Paulo, com José Renato. Depois, foi um dos fundadores do Centro Popular de Cultura (CPC), ligado à UNE no Rio, seguindo como uma das mentes criativas no Teatro Opinião.

Rasga coração começou a ser redigida em 1971, quando Vianninha escreveu o primeiro ato. Só retomou a escrita do texto em 1974, quando já estava muito doente, depois de uma cirurgia nos Estados Unidos para a retirada de um tumor no pulmão. Voltou ao Brasil desenganado, com poucos meses de vida. As cenas finais foram ditadas pelo autor, que já não tinha forças. Foi um verdadeiro testamento poético, legado do autor à humanidade. Não por acaso, a peça apresenta dois doentes, um dos quais morre em cena. Vianninha morreu em 1974, aos 38 anos de idade.

Depois de terminado, o texto caiu nas garras da censura e só foi liberado em 1979, com o afrouxamento do regime militar. No mesmo ano, *Rasga coração* foi dirigida por José Renato, fundador do Teatro de Arena, estreando no Teatro Guaíba, em Curitiba. A segunda montagem profissional de que se tem registro foi dirigida por Dudu Sandroni no Rio de Janeiro de 2007. Tive o prazer de assisti-la em São Paulo. Só demonstrou a força e a beleza da obra. Peça complexa, com muitas referências históricas, músicas e *jingles* de diversas épocas. Requer pesquisa de uma equipe bem preparada tecnicamente. Muitas cenas em *flashbacks*, que ocorrem simultaneamente com as cenas no presente no palco, expondo os embates que ecoam e se repetem na vida do protagonista. Que venham novas montagens, que ela nunca deixe de ser montada! É possível encontrar o texto na internet, bem com um vídeo da montagem de 2007.

> "Se tu queres ver a imensidão do céu e mar,
> refletindo a prismatização da luz solar,
> rasga o coração, vem te debruçar,
> sobre a vastidão do meu penar".

Rasga coração (Catullo da Paixão Cearense e Anacleto Medeiros)

A peça é um épico sobre o Brasil república, numa trama que gira em torno de conflitos políticos e ideológicos. Esses conflitos, na leitura de Vianninha, podem ser resumidos ao choque de gerações. Na verdade, velhos inimigos voltam a se enfrentar continuamente ao longo da história política do país, na visão no autor. E às sucessivas gerações, cabe repetir esses velhos conflitos, ainda que travestidos de novos discursos. O que o autor tenta provar é que a briga é antiga. Portanto, as polarizações não são fenômeno recente do país. Nem na década de 1970, nem hoje. Assim como eu venho argumentando, as cisões, as rupturas, os enfrentamentos retóricos e armados são constitutivos de nossa história.

O protagonista da peça é Manguari Pistolão (na verdade Custódio Manhães Jr.), que adere ao comunismo nos anos 1930, antagonizando com o pai, Custódio Manhães (cujo apelido é 666). Custódio pai foi um agente sanitarista nas décadas iniciais do século XX, que na ficção trabalhou ao lado do médico Osvaldo Cruz, em suas jornadas higienistas na cidade do Rio de Janeiro. Considerado incompreendido em sua política de "bota abaixo", vacinando pessoas, desinfetando e destruindo suas moradas, 666 reputa o povo como ignorante e ingrato, principalmente depois das conquistas trabalhistas:

> Povo? O povo? Agora, terminam as oito horas, eles param o serviço! "Mas só falta desinfetar aquele canto, gentes! É a saúde de uma família!" Mas eles estão se bujiando. "José, preciso de você amanhã!" "Amanhã é meu dia de folga". Duas horas pra almoço

agora, parados, à fresca, perna estirada, os filhos sem comida, nus, dentes podres, eles passando à rosa divina! Nojo do trabalho, isso que vocês criaram.

A partir das polarizações políticas dos anos 1930, 666 não hesita em engrossar as fileiras do Integralismo, movimento fascista que vestia as "cores" do Brasil. Com isso, bate de frente com o jovem Custódio Manhães, o Manguari. O conflito termina com o pai expulsando Manguari de casa, após pegá-lo em carícias sexuais com a mulher que futuramente se tornaria sua esposa, Nena.

O jovem Manguari acredita inicialmente na vocação industrial do Brasil nesse período do entre guerras, fazendo piquetes entre os trabalhadores pela conquista de direitos. Termina capturado, torturado e preso pela polícia do Getúlio. Manguari tem como companheiro inseparável, Lorde Bundinha, um boêmio e tirador de sarro nato. Frequentador de bailes e mulherengo, Bundinha apoia Manguari em seu talento de cantor, conseguindo alguns bicos na área artística para o amigo, que enfrenta o desemprego. Apesar do afeto que o liga a Bundinha, Manguari deixa escapar, algumas décadas depois, em briga com seu filho, que os omissos, que se imaginam superiores às disputas em curso, sempre existiram e que são, como eram no passado, "bundões".

No presente da peça, na década de 1970, Manguari Pistolão trabalha numa repartição pública, continua acreditando na mobilização dos trabalhadores, mas é um velho ranheta, doente e frustrado em sua vida cotidiana. Tomado pelas dores nas articulações, por conta da artrose, a única coisa que acende o interesse de Manguari ainda é a luta política.

Frustra-se também com seu filho Luca (Luís Carlos), um rapaz de 18 anos, *hippie*, que renega os valores da sociedade capitalista, mas não parte para a luta, segundo a visão do pai. O moço pratica macrobiótica, acorda e sai para ver o sol nascer. Anda pelas ruas oferecendo cumprimentos aos desconhecidos numa política de "paz e amor", imaginando que dessa forma estará contribuindo para a humanização das relações interpessoais.

O grande ponto de conflito da peça, o divisor de águas, é o momento em que o filho subverte a ordem em seu colégio. Usando cabelos compridos, Luca é obrigado pelo diretor, Castro Cott, a cortar suas madeixas. Os cabeludos do colégio e Luca se recusam a fazer isso, gerando uma revolta estudantil. Cott, o diretor, é um velho conhecido de Manguari. Seu inimigo político, no passado foi um líder integralista e no presente continua com posições reacionárias.

No entanto, quando Luca é obrigado a se posicionar, tudo dá errado: inicialmente ele "compra" o plano de luta que o pai lhe passa. A estratégia, traçada animadamente por Manguari, era angariar simpatizantes. Para isso, seria necessário divulgar as violências cometidas contra os estudantes pela imprensa (onde Manguari tinha alguns contatos, seus "pistolões"), passando também por entidades intelectuais e de classe.

Ao expor o plano para os estudantes reunidos, Luca e seu pai são ridicularizados pela própria namorada do moço, Milena. Ela diz que o plano é de gente "com calça arriada", covarde. Que a proposta apresentada seria na verdade de uma excursão pelo Rio de Janeiro, visitando gente velha. De acordo com Milena, no Brasil, as únicas revoluções que houve foram a Cabanagem e Canudos, já que o resto seria tudo "calça arriada".

Camargo Moço, um sobrinho de Camargo Velho, colega comunista de Manguari em sua época de juventude, está presente na reunião. Defende Manguari, dizendo que ele é o verdadeiro revolucionário. Milena, no entanto, continua firme em suas posições, conclamando os colegas à "ação direta, ação direta!" Isso numa clara referência aos movimentos que, naquele momento, entraram na luta armada contra a ditadura.

No entanto, Luca fraqueja em suas tentativas de seguir os passos do pai, mesmo que involuntariamente. Quando criticado pela namorada, num plano que ele achara inicialmente genial, volta-se contra Manguari, a quem também chama de "calça arriada". Depois, no momento em que Castro Cott intimida os alunos, para puni-los por conta da invasão da escola e da queima das provas escolares, Luca se desespera e entrega a própria namorada ao diretor.

Os envolvidos acabam expulsos, com Luca perdendo o ano e a possibilidade de prestar vestibular para medicina, seu projeto inicial.

Depois de enfrentar esses embates políticos e ser tragado por eles, Luca se refugia no mundo das drogas. Quando o pai o interpela, ele diz que também é ativista. Outro dia, estivera na porta de uma fábrica de pesticidas, dizendo aos trabalhadores para que largassem seus empregos, pois eles estavam produzindo venenos fatais. Manguari Pistolão nessa hora desaba e chora: "Na porta das fábricas pedir pros operários largarem seus empregos, são tão difíceis de conseguir, rapaz!"

Apesar dos embates de ideias estarem colocados no conflito de gerações, a síntese, para Vianninha, são os velhos dilemas da luta política, os conflitos de classe que afloram. Através da boca de Camargo Moço, que admira os velhos comunistas – como seu tio e Manguari –, o autor dá o seu recado:

> Não saco muito conflito de gerações, sabe? Pra mim, o importante não é o conflito de gerações, é a luta que cada geração trava dentro de si mesmo... eu sou da geração de seu filho, pô, mas sou outra pessoa... tem umas gerações que acham que a política é a atividade mais nobre, a suprema, a exclusiva invenção do ser humano... Tem outras gerações que pensam que a política é a coisa mais sórdida que o homem faz... quero que a minha seja como a primeira...

A ruptura definitiva entre Manguari Pistolão e Luca dá-se quando o filho se recusa a voltar a estudar e seguir os arranjos que o pai fez junto a um frade dominicano. Um colégio dessa ordem resolveu acolher os estudantes expulsos por Castro Cott. Diante da recusa de Luca, o pai o manda embora de casa, repetindo mais um gesto de incompreensão e incomunicabilidade entre pai e filho, como 666 fizera com Manguari.

Luca:

> ...mas vou continuar dando esse espetáculo, sim! É só isso que eu quero aprender, não tenho nada pra aprender nas universidades de vocês, nada! Mas nada! Vocês lá, ensinam essa vida que está morta, essa vida de esmagar a natureza, de super-homens neuróticos, lá vocês querem dominar a vida, eu quero que a vida me domine, vocês querem ter o orgulho de saber tudo, eu quero a humildade de não saber, quero que a vida aconteça em mim... não é revolução política, é revolução de tudo, é outro ser! Como os cristãos... é como foi...

"*Quando você acaba com a democracia, não sabe quando ela volta... Não sabe se ela volta.*"

(Trecho de um vídeo atual de artistas pela democracia)

Talvez o Brasil não esteja despedaçado. Talvez o Brasil seja despedaçado, tal como esse coração rasgado que Vianninha quis mostrar. As diferentes concepções de mundo, os distintos grupos sociais, as várias gerações estão em constante luta para transformar o mundo. Todos, cada qual à sua maneira, querem "um mundo melhor". Dependendo das tensões do momento histórico, isso pode significar guerras, revoltas, mortes.

No Brasil colônia, em que o trabalho escravo era a base da sociedade, os conflitos eram a tônica da sociedade. Senhores, escravos, livres pobres, libertos, índios se enfrentavam, negociavam e buscaram defender seus interesses. De um lado, a riqueza. De outro, a busca por liberdade.

Com a independência do Brasil, um Estado nacional se constituiu num novo pacto, para que se mantivesse a ordem social. Revoltas populares e escravas, disputas políticas, guerras civis. Tudo isso fez parte da História do Brasil no Oitocentos.

O Brasil que emerge no século XX busca sua modernização, mesmo que a manutenção da paz social fosse à custa ainda da chibata. De um Estado que se armava contra seus cidadãos.

Foi assim na ditadura de Getúlio, na ditadura civil-militar entre os anos 1960 e 80 e em tantos outros momentos de nossa história, períodos de radicalidade, em que a democracia ainda não havia sido conquistada no país.

Tomara que hoje não precise ser desta forma, tomara que a democracia sobreviva.

O ÓDIO COMO MARCA E A ENCRUZILHADA DA DEMOCRACIA NO BRASIL

Ana Flávia Magalhães Pinto,
18/04/2016[1]

> "Está tudo errado
> É até difícil explicar
> Mas do jeito que a coisa está indo
> Já passou da hora do bicho pegar
> Está tudo errado
> Difícil entender também
> Tem gente plantando o mal
> Querendo colher o bem,
> Tá tudo errado"
>
> MC Júnior e Leonardo

Ferrenho crítico da política de segurança pública vigente, MC Leonardo, da *Apafunk*, subiu no caminhão da Furacão 2000 na praia de Copacabana no domingo, 17 de abril, e se posicionou contra o golpe à democracia via tentativa de impeachment da presidenta da República, Dilma Rousseff. Para além de clássicos como o "Rap do Silva" e o "Rap da Felicidade", consagrados nos anos 1990, a multidão presente no Ato Funk Contra o Golpe foi embalada por letras mais recentes, que também politizam o cotidiano das favelas e periferias do Rio de Janeiro e do Brasil. Para a surpresa positiva de alguns, as falas dos mais de vinte funkeiros presentes mantinham fina sintonia e até semelhança com as de magistrados que pegaram

---

[1] Publicado no blog Conversa de Historiadoras (conversadehistoriadoras.com).

o microfone para se posicionar a partir de lugares de classe, raça e também de gênero.

Dias antes, num dos vídeos de mobilização, Rômulo Costa, fundador da Furacão 2000, buscava fortalecer a legitimidade do ato divulgando o apoio do desembargador Siro Darlan, jurista contrário à redução da maioridade penal e defensor do fim dos autos de resistência. Por outro lado, a organização do evento, formada pela Frente Povo Sem Medo, Frente Brasil Popular e Federação de Associações de Favelas do Rio, valia-se de personalidades do funk para convocar sobretudo os moradores das comunidades próximas – Pavão-Pavãozinho, Cantagalo, Morro dos Cabritos, Ladeira dos Tabajaras, Chapéu Mangueira, Rocinha e Vidigal. O importante era dar o recado de que as populações marginalizadas são sujeitos políticos e precisam ser consideradas nos momentos decisivos da história do país.

Mas na manhã de domingo, enquanto o som rolava na rua, eu acompanhava a transmissão via canal da PosTV no Youtube, lia os comentários do bate-papo da postagem e percebia como essa mensagem era inaceitável para várias pessoas. Defensores do impeachment e "odiadores do PT", com suas *hashtags* convencionais, eram esperados. Só que as reações não pararam por aí. "Se descer vão levar bala", eis o comentário que pouco depois das 10h me fez observar com mais atenção a coluna do lado direito da tela. A partir daí a experiência não foi nada agradável e alterou até o rumo do texto que preparava para hoje.

Segue uma amostra do que foi dito: "Não sabem nem o que é fascismo"; "Tudo puta"; "Depois do resultado de hoje, cuidado cassaremos suas tocas. Aguardem! Aço!"; "Funk coisa de bandidos alienados"; "Fala sério funk não rima com cultura"; "ao ao ao bala perdida na próxima eleição"; "Auditoria militar... Vocês vão se foder... Desta vez não haverá anistia!"; "Chama o BOPE pra acabar com isso"; "Interromperam [a transmissão] porque passou um arrastão e roubou a câmera"; "Os fankeiros falam em faculdade mas não terminaram nem o 2o grau"; "Vai ter golpe sim", "Vai ter caça a esse pensamento do final do século 19. Socialismo e comunismo é pensamento de retardado"; e daí para mais até.

Vi tudo isso e topei com meu adesivo: "Esse não será o país do ódio". Não será... Não será?

Após a votação que aprovou a admissibilidade do rito de impeachment na tarde e na noite de ontem, parece-me mais do que urgente parar de lidar com essas manifestações alegando que esse tipo de coisa não tem ressonância no sentimento do povo brasileiro, cordial e culturalmente aberto às diferenças. Para além de esposas, filhos, netos e outros familiares, a maioria dos deputados democraticamente eleitos pela população brasileira, que também elegeu Dilma, justificou os seus "sins" em argumentos tais: "Pelos fundamentos do cristianismo"; "Pelo fim da rentabilização de desocupados e vagabundos"; "Pelo fim da CUT e seus marginais", "Pela República de Curitiba"; "Pelo comunismo que assombra o país"; "Em memória do coronel Carlos Alberto Brilhante Ustra" [ex-chefe do DOI-CODI (1970-1974) e primeiro militar reconhecido como torturador pela Justiça brasileira, em 2008]... Isso e muito mais, com direito a arremates como o misógino e gramaticalmente incorreto "Tchau Querida!", e sua intencionalidade de adeus à democracia.

O fato é que, se vista a partir das experiências de populações negras, indígenas, mulheres, LGBTT, trabalhadores pobres do campo e da cidade e outros condenados dessa terra chamada Brasil, a história deste país é a prova de que a violência, como manifestação de ódios, é uma marca da nossa sociabilidade. De tal sorte, a forma ineficaz como a inteligência brasileira de intenções democráticas lidou por muito tempo com problema do racismo, por exemplo, nos ensina que o nosso desejo de um país melhor não faz dele um país melhor. Entre os muitos casos ilustrativos disponíveis, Joaquim Nabuco, ao publicar o seu *O abolicionismo*, em 1883, buscou legitimar o fim da escravidão apostando na ideia de que não poderíamos correr o risco de ver acontecer no Brasil um acirramento de conflitos raciais, o que, para muitos analistas, soou como a simples negação do próprio problema racial naquele momento. Mas isso ele não pôde fazer:

> Nós não somos um povo exclusivamente branco, e não devemos portanto admitir essa maldição da cor; pelo contrário, *devemos tudo fazer por esquecê-la.*
>
> A escravidão, por felicidade nossa, não azedou nunca a alma do escravo contra o senhor – falando coletivamente – nem criou entre as duas raças ódio recíproco que existe naturalmente entre opressores e oprimidos.[2]

"Devemos tudo fazer por esquecê-la", porque, "falando coletivamente", o ódio de raça não nos definiria. Eis o sintoma do mal existente que se tentava combater via universalização da liberdade. A maldição da cor era percebida, mas o fim da escravidão poderia ser um caminho para que ela não tivesse de ser tratada como um problema central entre nós. Procedimento semelhante me parece organizar nossa forma de lidar com o momento atual: pensamentos e gestos fascistas são periféricos, e a defesa da democracia é maior e figura como chave para nos distanciarmos de um cenário de ódio. Sendo assim, o sentimento de nojo que alimenta nossa certeza de que os/as parlamentares ou cidadãos comuns que emitem tais "opiniões" não nos representam, infelizmente, apenas nos confirma na encruzilhada histórica em que estamos. A perguntar que fica é: como enfrentar o ódio se não admitimos sua dimensão real?

Tais questionamentos me fazem, aliás, recordar o post "Preocupante Semelhança?", no blog Conversa de Historiadoras, em 6 de março, no qual historiadora Hebe Mattos pondera sobre como o desmantelamento dos projetos de cidadania para negros nos EUA no fim da década de 1870 foi legitimado por um repertório amplo da cultura local que adentrou o século XX. Ter isso em mente, por

---

2 NABUCO, Joaquim. *O abolicionismo*. Rio de Janeiro: Nova Fronteira; São Paulo: Publifolha, 2000, p. 16, grifo meu.

sua vez, acentua a importância do discurso da deputada Benedita da Silva, no dia 15 de abril, que, entre outras coisas, apontou como a crise política gerada e alimentada pelos opositores do governo tem legitimado discursos e práticas que justificam o aumento do desemprego e as perdas dos direitos trabalhistas, como se isso tivesse que ser feito pelo bem da nação. Não é demais mencionar as dezenas de projetos de lei que tramitam com bastante celeridade no Congresso com esse fim.

Os tempos inegavelmente são e serão difíceis de entender e explicar. Como historiadora, mais do que os registros dos opressores, tenho me dedicado a reunir as falas de quem tem reagido contra o retrocesso, sobretudo de sujeitos que não costumam ser priorizados nas narrativas hegemônicas, sejam as de direita ou as de esquerda. Ao fazê-lo, uma coisa me parece certa: há uma grande parte deste país que, após gerações e gerações enfrentando o ódio (negado), conquistou a oportunidade de começar a acessar direitos interditados e não está disposta a abrir mão do que ainda é tão pouco para acalmar a fúria dos que não admitem transformar privilégio em direitos universais. Pessoas como a estudante de medicina Suzane Silva, que, sem desmerecer o trabalho de suas antepassadas, tem plena consciência do que significa não ser obrigada a utilizar o melhor de si para se tornar "uma excelente babá, faxineira ou empregada doméstica". Temos, pois, o desafio de aprender a enfrentar os ódios que são reais e amplos no Brasil, e pessoas como Suzane, MC Leonardo e Benedita da Silva, em suas artes da resistência, têm muito a nos ensinar.

MANIFESTAÇÃO DA ANPUH NACIONAL CONTRA A VOTAÇÃO DO IMPEACHMENT NA CÂMARA DOS DEPUTADOS

22/04/2016[1]

A Associação Nacional de História manifesta sua perplexidade diante do processo de votação do impeachment realizado no último domingo (17 de abril). Para justificar o voto, a favor ou contra essa medida drástica, alguns parlamentares usaram como argumento o combate à corrupção, à política de "assistencialismo social", ao "populismo", a pressão dos eleitores e dos 10 milhões de desempregados. Muitos dedicaram seu voto a seus familiares e defenderam o respeito à família nuclear tradicional e patrimonial, neste caso, desrespeitando normas legislativas que reconhecem outras formas de união familiar.

A Presidente eleita, democraticamente, está no exercício legal de suas funções e contra ela não paira nenhum processo de uso indevido do dinheiro público para enriquecimento ilícito, ao contrário do que ocorre com grande parte dos parlamentares que votaram a favor do impeachment, apesar de já terem sido denunciados pela justiça. Não resta dúvida de que a votação na Câmara dos Deputados teve caráter político e ideológico. Os argumentos de ordem jurídica, pouco mencionados pela grande maioria de deputados que se pronunciaram a favor dessa medida, serviram para acobertar as reais motivações do voto.

A campanha a favor do "Golpe" liderada por adversários políticos, por representantes das "mídias" que, retomando a tradição golpista, instigaram o ódio da população. A postura dos parlamen-

---

1 Publicado no site da Associação Nacional de História (site.anpuh.org).

tares durante a votação do impeachment e as comemorações pela vitória, deixaram evidente a permanência de uma cultura política antidemocrática afeita a acordos, manobras e negociações que a "Nova República" não foi capaz de eliminar. O espetáculo de desrespeito à opinião alheia e as manifestações de intolerância, expressas através de uma linguagem autoritária e chula, permitiram que viesse à tona a outra face da decantada "cordialidade brasileira" – a da violência – que o mito encobre.

Por fim, nesse quadro de aberrações, a Anpuh repudia e denuncia a atitude inadmissível do parlamentar Jair Bolsonaro, que, em tom celebrativo, evocou a memória de Carlos Alberto Brilhante Ustra, Coronel do Exército Brasileiro, ex-chefe do DOI-CODI do II Exército, um dos órgãos encarregados da repressão política no regime militar e responsável por práticas de tortura e mortes. Cabe, não só a nós historiadores, mas a todos os democratas deste país, exigir punição legal contra o Parlamentar que reverenciou a memória de um torturador. Bolsonaro, não só neste ato, mas também em outras circunstâncias, se permite – em franco desrespeito à ordem democrática vigente no país – incitar o ódio e a intolerância em seus pronunciamentos de natureza racista e homofóbica, crimes pelos quais já foi condenado.

Diante desta e de outras atitudes similares, a Anpuh Nacional lança como bandeira de luta: "Ditadura e tortura NUNCA MAIS!" e condenação penal aos que representam riscos para o estado democrático de direito.

A INSURREIÇÃO DOS HIPÓCRITAS. BASE SOCIAL E IDEOLOGIA

Sidney Chalhoub,
23/04/2016[1]

As historiadoras futuras da Bruzundanga haviam passado a semana a matutar sobre cousas que tinham lido a respeito das mulheres daqueles tempos interessantes, vários milênios antes do Apocalipse. Não acabavam de entender o que significavam aquelas palavras: "recatada", "do lar", "bela". Havia também uma matéria enigmática, sobre ataque de nervos ou de histeria de mulher em cargo de poder. Jamais tinham visto tais adjetivos pespegados em pessoas como elas próprias. Não logravam saber ainda o que aquilo tudo significava quando uma delas saltou para trás, ao ler o título de um texto de época: *"Aufstand der Scheinheiligen"* (*Der Spiegel*), ou a "insurreição dos hipócritas". A língua germânica havia desaparecido havia muito, mas sobrevivera a fama de seriedade dos alemães. Por isso espantava aquele título de matéria sobre a votação do impichamento da presidenta da Bruzundanga na câmara *baixa* do Parlamento.

Curiosas por vício do ofício delas, as historiadoras seguiram a pista. Acharam de pronto um documento jurídico de erudição supimpa, na qual acusadores dum ex-presidente que era também um ex-operário citavam a parceria de dois filósofos alemães, Marx e Hegel, na autoria de escritos mui subversivos. Uma delas identificou, no douto parecer, um erro de ortografia de somenos importância no nome de um dos filósofos; no entanto, o que importava era a

---

[1] Publicado no blog Conversa de Historiadoras (conversadehistoriadoras.com).

constatação de que na Bruzundanga se conhecia a excelsa filosofia teutônica. Logo adiante, eis que surge um provérbio popular: "*Die dümmsten Bauern ernten die dicksten Kartoffeln*", que quer dizer mais ou menos o seguinte: "Os camponeses mais estúpidos colhem as maiores batatas". Estupor geral. Todas gritaram ao mesmo tempo: "Ao vencedor, as batatas!", "Quincas Borba!", "Machado de Assis!". Atordoadas, porém de novo esperançosas, reabriram o grosso volume comentado das *Memórias póstumas de Brás Cubas*, o tratado-mor de sociologia bruzundanguense.

Machado de Assis, estudante de alemão, surrara o dicionário para ler o artigo do *Der Spiegel* e empacara numa passagem dele, na qual se dizia... As leitoras sabem alemão? Eu tampouco, mas aqui vai outra algaravia dos infernos: "*ein großer Teil der brasilianischen Gesellschaft strukturell konservativ gesinnt ist*". Quer dizer, a "insurreição dos hipócritas" tornar-se-á possível devido ao apoio que recebera de parte da sociedade bruzundanguense "estruturalmente conservadora". Num achado de endoidecer críticos literários de qualquer tempo, as historiadoras reconstituíram uma passagem riscada nos manuscritos das *Memórias póstumas*, em que Machado de Assis, num posfácio, afirmava que um de seus objetivos no volume fora destrinchar a ideologia da classe brascúbica, a base social dos insurretos da câmara *baixa*.

Foram vários dias de releitura lenta das *Memórias póstumas*, de insônia, de descobertas horripilantes, até que as historiadoras do futuro elaboraram um esquema das principais ideias do golpe de abril de 2016, conhecido nos anais históricos da Bruzundanga como "A Grande Usurpação". Ficaram tão estupefatas com suas descobertas que decidiram escrever um livro sobre o tema. Aqui vai o breve roteiro dos capítulos, que me trouxeram em mãos:

Capítulo I: Misoginia. Nos capítulos iniciais das *Memórias*, Brás Cubas, o defunto autor, narra a sua própria morte. Num deles, "O delírio", revela ao mundo as suas alucinações mentais nos instantes derradeiros. Montado num hipopótamo, Brás Cubas é forçado a viajar até "a origem dos séculos". Após devorar muito caminho, o animal estaca numa imensidão branca e gelada, silenciosa como o sepulcro. Eis que surge "um vulto imenso, uma figura de mulher... fitando-me uns olhos rutilantes como o sol. Tudo nessa figura tinha a vastidão das formas selváticas, e tudo escapava à compreensão do olhar humano, porque os contornos perdiam-se no ambiente, e o que parecia espesso era muita vez diáfano". A mulher diz se chamar "Natureza ou Pandora", e completa em voz tonitruante, seguida de uma gargalhada fenomenal: "Sou tua mãe e tua inimiga". Em certo momento, afirma o narrador, Pandora "estendeu o braço, segurou-me pelos cabelos e levantou-me ao ar, como se fora uma pluma". Indefeso, frágil, Brás implora pateticamente por um minuto a mais de existência. A grande mãe Natureza responde com um desdém do tamanho de todos os séculos: "Grande lascivo, espera-te a voluptuosidade do nada". O temor visceral e primitivo de Brás pelas mulheres, o seu receio de ser dominado por elas, é metáfora da monomania ou patologia social da classe brascúbica diante de mulheres livres e insubmissas, como a presidenta da Bruzundanga. Desesperados, unem-se para combatê-la, como se vê pela súcia variadíssima de sujeitos engravatados e lúgubres sempre a cercar a presidenta. Será possível desenvolver o tema por meio do cruzamento de várias fontes, como, por exemplo, aquela faixa de uma manifestação popular: "Quando a mulher é livre, os marmanjos surtam".

Capítulo II: Racismo. Brás Cubas se considerava o maior fodão com as mulheres (pedimos desculpas aos homens de épocas remotas da Bruzundanga, que sabemos mui recatados, mas não há jeito melhor de descrever as ilusões brascúbicas diante das personagens femininas). Uma de suas conquistas chamava-se Eugênia, "a flor da moita". A menina era filha de dona Eusébia e de Vilaça, homem casado e sisudo (segundo *O Sensacionalista*, 97% dos parlamentares que citaram Deus e a família em seus discursos de voto pró-impichamento têm amantes, alguns deles até mesmo concubinas teúdas e manteúdas), num caso extraconjugal que fora objeto de uma travessura de Brás na infância. Os namorados clandestinos trocaram um beijo atrás da moita, visto e denunciado pelo menino, dando a Brás a ideia da alcunha citada acima, de "flor da moita", que atribuiu à pequena. Eugênia foi a única mulher por quem Brás teve uma inclinação séria, sentindo-se de fato ameaçado pela possibilidade de amá-la. Diante de semelhante perigo, o mancebo reage com determinação viripotente. Numa série de agressões, ele debocha do defeito físico da menina, que era um pouco coxa de nascença: "O pior é que era coxa. Uns olhos tão lúcidos, uma boca tão fresca, uma compostura tão senhoril; e coxa! Esse contraste faria suspeitar que a natureza é às vezes um imenso escárnio. Por que bonita, se coxa? Por que coxa, se bonita?". Além da obsessão brascúbica com o belo feminino, que a passagem permite explorar, dela se segue o episódio do beijo de Brás em Eugênia, durante o qual o maganão pensa "na moita, no Vilaça... a suspeitar que não podias mentir ao teu sangue, à tua origem". Em ritmo vertiginoso de alusões irônicas, Machado de Assis faz com que Brás veja Eugênia, cujo nome significa "a bem-nascida", como naturalmente inferior, logo imprópria para casar com ele, relacionando-a inclusive com uma borboleta preta que acabara de matar em seu quarto, a golpe de toalha: "Por que coxa, se bonita? Tal era a pergunta que eu vinha fazendo a mim mesmo ao voltar para casa, de noite, sem atinar com a solução do enigma. O melhor que há, quando se não resolve um enigma, é sacudi-lo pela janela fora; foi o que eu fiz; lancei mão de uma toalha e enxotei essa outra borboleta preta, que me adejava o cérebro". A negritude da borboleta e o defeito físico da menina se articulam na cabeça de Brás, resultando no projeto de eliminação desse outro indesejável ou incômodo. O tema está ligado a vários eventos contemporâneos da Bruzundanga, como a reação brascúbica às políticas de ação afirmativa e à vinda de médicos cubanos ao país. Ele pode ser explorado por meio da análise de muitas fotos e faixas de manifestações populares, como esta: "A casa grande surta, quando a senzala vira médica".

Capítulo III: Privilégio e ódio de classe. Brás Cubas achava que a sua condição de proprietário de cousas e gente escravizada tinha origem na natureza; era assim porque tinha de ser. O seu filósofo preferido, Quincas Borba, resumiu certa vez o modo de ver o mundo da classe brascúbica, no que tange ao seu suposto direito natural de explorar o trabalho dos outros, em especial dos negros, para sempre. Ao almoçar, trinchando uma coxinha de frango, Quincas Borba diz assim: "Mas eu não quero outro documento da sublimidade do meu sistema, senão este mesmo frango. Nutriu-se de milho, que foi plantado por um africano, suponhamos, importado de Angola. Nasceu esse africano, cresceu, foi vendido; um navio o trouxe, um navio construído de madeira cortada no mato por dez ou doze homens, levado por velas, que oito ou dez homens teceram, sem contar a cordoalha e outras partes do aparelho náutico. Assim, este frango, que eu almocei agora mesmo, é o resultado de uma multidão de esforços e lutas, executados com o único fim de dar mate ao meu apetite". Que maravilha! O mundo inteiro conspira para que o coxinha trinche a coxinha! A imagem se completa numa espécie de antropofagia de classe, pois a grã-finagem brascúbica, paradoxalmente, parece ter certo prazer mórbido na extinção daqueles cujo trabalho produz tudo o que podem usufruir. Quando dona Plácida, criada de Virgília, alcoviteira de seus amores com Brás, está à morte, Brás faz a seguinte reflexão: "Depois do almoço fui à casa de D. Plácida; achei um molho de ossos, envolto em molambos, estendido sobre um catre velho e nauseabundo; dei-lhe algum dinheiro... morreu uma semana depois. Minto: amanheceu morta; saiu da vida às escondidas, tal qual entrara". Em seguida, Brás se pergunta se houvera alguma justificativa para a existência de dona Plácida. Responde assim: "Adverti logo que, se não fosse D. Plácida, talvez os meus amores com Virgília tivessem sido interrompidos, ou imediatamente quebrados, em plena efervescência; tal foi, portanto, a utilidade da vida de D. Plácida. Utilidade relativa, convenho; mas que diacho há absoluto nesse mundo?".

Capítulo IV: Corrupção. Como é sabido, a classe brascúbica teve origem no maior caso de corrupção da história da Bruzundanga, cousa nunca jamais vista, antes ou depois em qualquer época, até o fim dos tempos. Nem o hipopótamo do delírio de Brás seria capaz de levá-lo a outras terras tão gélidas e sombrias. Mais de setecentos e cinquenta mil africanos foram escravizados ilegalmente e introduzidos no país por contrabando entre 1831 e 1850. A expansão do café, donde vem a riqueza brascúbica, surgiu da exploração do trabalho dessa gente criminosamente escravizada. Segundo a Federação das Indústrias da Tucanolândia (província mais rica da Bruzundanga), em informação que oferecemos aqui num furo de reportagem histórica, "o país tem o dever moral, político e econômico de aprofundar ações afirmativas destinadas a reparar esse crime contra a humanidade. Todos os nossos recursos ficam doravante à disposição do Estado bruzundanguense para tal fim". Apesar desse fato novo e alvissareiro, Machado de Assis demonstra, em sua obra seminal, que a classe brascúbica tem o costume de perdoar os atos de corrupção em suas fileiras. No romance, a personagem do traficante de escravizados é simbolizada pela figura de Cotrim, cunhado de Brás, torturador de africanos. No entanto, Brás se mostra bastante compreensivo com o seu parente: "Como era muito seco de maneiras, tinha inimigos, que chegavam a acusá-lo de bárbaro. O único fato alegado neste particular era o de mandar com frequência escravos ao calabouço, donde eles desciam a escorrer sangue; mas, além de que ele só mandava os perversos e os fujões, ocorre que, tendo longamente contrabandeado em escravos, habituara-se de certo modo ao trato um pouco mais duro que esse gênero de negócio requeria, e não se pode honestamente atribuir à índole original de um homem o que é puro efeito de relações sociais. A prova de que o Cotrim tinha sentimentos pios encontrava-se no seu amor aos filhos, e na dor que padeceu quando lhe morreu Sara, dali a alguns meses; prova irrefutável, acho eu, e não única. Era tesoureiro de uma confraria, e irmão de várias irmandades...". A última frase é promissora, pois indica uma relação íntima entre corrupção e instituições religiosas.

Capítulo V: Desfaçatez. Ah, que tema inesgotável! Já escrevemos sobre ele. Todavia, não há como resistir aos fatos recentes, desta semana mesmo, logo em seguida à votação do impichamento da presidenta na casa *baixa* do Parlamento. Observadores externos à Bruzundanga, finalmente atentos aos sentidos profundos do que acontece no país, ficaram alarmados com o desfile de nulidades parlamentares do último domingo, a votar em nome do pai, do filho e do espírito... Machado de Assis, noutro texto que ainda teremos de estudar a fundo, interpretou o episódio como manifestação da "Igreja do Diabo", sugerindo, pois, que havia naquilo o espírito de Satanás. A repercussão de tal pândega lá fora provocou a ida imediata ao exterior dum aliado d'O Grande Usurpador, alcunha popular do vice-presidente da Bruzundanga. Que espetáculo curioso, ver aquele sujeito do partido da ave de bico comprido, representando o vice-presidente do partido que está sempre no poder (apesar de nunca ter ganho eleição para presidente), mui perfumado, engomadinho, respeitabilíssimo, a explicar para o Tio Sam que o ovo não é um ovo e que o círculo é quadrado. Provocou hilaridade em uns, e noutros aquele sentimento da vergonha alheia. Que situação! O importante, todavia, é tentar manter as aparências. O pai de Brás Cubas disse certa vez ao filho: "Teme a obscuridade, Brás; foge do que é ínfimo. Olha que os homens valem por diferentes modos, e que o mais seguro de todos é valer pela opinião dos outros homens. Não estragues as vantagens da tua posição, os teus meios...". Que divertida a percuciência machadiana! Privilégios da "posição", dos "meios", valimento pela opinião dos outros... Dizem que Machado de Assis escreveu essas linhas inspirado num documento histórico curiosamente chamado "Uma ponte para o futuro", que, dizem, foi o GPS utilizado por aquele hipopótamo do delírio, a galopar com Brás de volta ao passado mais longínquo.

As historiadoras terminaram o roteiro de seu livro horrorizadas: misoginia, racismo, ódio de classe, corrupção, desfaçatez. De fato, "ao vencedor, as batatas". Fica melhor em alemão: "*Die dümmsten...*" (o resto como apareceu acima).

P.S.: Agradeço ao meu Bruder baiano, João Reis, por sugerir a leitura da matéria do *Der Spiegel* e por me enviar o provérbio alemão.

USTRA, MORTO E VIVO

Caroline Silveira Bauer,
28/04/2016[1]

Na manhã de quinta-feira (28 de abril), as portas do restaurante universitário da Universidade Federal do Rio Grande do Sul estavam pichadas com a seguinte frase: "Ustra vive". Não foram as primeiras manifestações desse teor feitas na calada da noite nas dependências da universidade – "cotistas = macacos", "negro só se for na cozinha do RU", bem como as agressões ao estudante indígena e as ameaças e apologia ao estupro que as estudantes vêm sofrendo. *Eles* estavam silenciosos, mas sempre estiveram ao nosso lado. A representatividade pública no Executivo e no Legislativo tem legitimado essas manifestações.

Ustra morreu em 2015, mas continua vivo. Foi condenado em uma ação declaratória, que permitiu a uma família paulista de intitulá-lo "torturador". Uma família inteira recolhida a dependências policiais e militares, incluindo duas crianças, que foram obrigadas a ver os pais torturados, e uma mulher no final da gestação. Subversivos, os adultos? Integrantes de organizações clandestinas, algumas de luta armada. O Estado possuía mecanismos jurídicos para puni-los sem o uso da tortura física e psicológica? Com certeza. Por que a aplicação da tortura? Porque se tratava de uma forma institucionalizada de coleta de informações e de punição, legítima perante a sociedade.

---

1   Publicado na seção "Opinião Pública" do site de notícias Sul21 (sul21.com).

Ustra, como comandante do DOI-CODI, deveria ter sido responsabilizado não somente pelos atos praticados, mas também pela omissão em investigar as outras centenas de denúncias de torturas, mortes e desaparecimentos ocorridos em sua jurisdição. Eis que inicia sua relação com a impunidade.

Assim como outros tantos militares envolvidos na repressão da ditadura civil-militar, Ustra passou incólume pela transição política – seja pela Lei de Anistia, seja pela instituição do silêncio como forma de conferir sentido ao passado recente. Sua existência, nunca esquecida por suas vítimas, foi tornada pública, novamente, com a denúncia de uma deputada federal, que o encontrou como adido militar na embaixada brasileira no Uruguai. E a resposta do militar veio em seu livro, que, parafraseando o título da obra, rompeu o silêncio. E, assim, na conjuntura da reconstrução da democracia no Brasil, surgia uma produção que sintetizava um pensamento corrente na autoritária sociedade brasileira: a tortura é uma prática legítima, justificável e que, historicamente, era/seria impune.

Vejamos um dado recente, não sem antes lembrar que o crime de tortura é subnotificado, ou seja, ocorre e é pouco registrado. Entre os meses de fevereiro de 2011 e fevereiro de 2012, a Secretaria de Direitos Humanos da Presidência da República recebeu 1.007 denúncias de torturas. Em outras palavras, se levarmos apenas em consideração os casos denunciados, quase três pessoas são torturadas por dia no Brasil. Essa informação permite que se afirme que a tortura não foi um método que se extinguiu com o término da ditadura – como esperar algo diferente, se as instituições e algumas formações de agentes de segurança permaneceram as mesmas?

Uma das respostas possíveis é que "Ustra vive". Vive na memória e na pele das suas vítimas que não conseguiram vê-lo responsabilizado penalmente por seus inúmeros crimes, ou seja, vive na impunidade; vive em uma memória apologética da ditadura civil-militar, ou seja, nessa justificativa da utilização da tortura; vive nessa legitimidade do extermínio, desde que o exterminado seja o outro; vive nesse senso comum que acredita que direitos humanos só protegem bandidos.

O repúdio que a pichação gera em mim como professora da universidade, como pesquisadora do tema e como cidadã não me impede de constatar que, sim, "Ustra vive". Talvez seja uma lembrança para refletir sobre as práticas autoritárias que nos permeiam na sociedade; ou, então, um recado sobre os tempos vindouros. Mas também pode significar que estamos certos em resistir às apologias fascistas que tentam nos empurrar goela abaixo: ainda bem que encontraram as portas do restaurante fechadas.

MAIO DE 2016: A TOMADA DO PODER?

3 a 6 de maio – *Ocupação da Assembleia Legislativa de São Paulo por estudantes secundaristas para forçar abertura de CPI de investigação do desvio de recursos da merenda escolar. Desde março, o movimento dos estudantes secundaristas promove ocupações e manifestações nos estados do Rio, São Paulo, Goiás e Rio Grande do Sul e resiste a onda de criminalização de seus integrantes.*

11 de maio – *Votação da abertura do processo de impeachment no Senado é aprovada em sessão que entra pela madrugada.*

12 de maio – *Afastamento da Presidenta Dilma, depois de notificada da abertura do processo de impeachment. Michel Temer, presidente em exercício, dá posse ao ministério interino, tendo alterado a estrutura ministerial e extinto vários ministérios como o da Cultura, do Desenvolvimento Agrário, dos Direitos Humanos, das Mulheres, dos da Igualdade Racial e fundido outros como o da Ciência, Tecnologia e Inovação com o das Comunicações.*

13 de maio – *Ocupação do prédio do IPHAN em Curitiba dá inicio ao Movimento Ocupa MinC, que em poucos dias se espalhou por todos os estados do pais, reivindicando o restabelecimento do MinC e defendendo o "Fora Temer".*

17 de maio – *Exoneração de Ricardo Melo da presidência da Empresa Brasil de Comunicação (EBC), gestora da Agência Brasil, TV Brasil, Rádio Nacional, entre outras emissoras públicas.*

22 de maio – Marcha da Frente Povo Sem Medo (MTST e coletivos populares) em São Paulo se dirige à residência do presidente interino Michel Temer em São Paulo forçando-o a antecipar a volta para Brasília.

23 a 25 de maio – Divulgação de gravações feitas por Sérgio Machado, ex-presidente da Transpetro com membros da cúpula do PMDB em março. Romero Jucá defendia "mudar o governo para estancar a sangria" e falava sobre um possível "pacto nacional", inclusive com o STF, para barrar as investigações de corrupção. Romero Jucá destituído do Ministério do Planejamento, continua na articulação política do governo interino.

25 de maio – Ministro interino da Educação recebe o ator Alexandre Frota e representante do Movimento Escola Sem Partido

NEM DECORATIVO, NEM DECOROSO

*Carlos Fico,
01/05/2016*[1]

Eu imagino que boa parte das pessoas favoráveis ao impeachment de Dilma Rousseff também se sinta ao menos incomodada com o comportamento do vice-presidente Michel Temer. Não se nega a ninguém o direito de romper com o aliado de ontem, mas é preciso um mínimo de decoro em situações como a atual.

Para bem considerar o desempenho de Temer, é inevitável lembrar a história de casos assemelhados: vice-presidentes que precisaram assumir a presidência.

Café Filho assumiu depois do suicídio de Vargas (1954). Foi chamado de traidor não porque tenha tramado contra ele, mas porque propôs a renúncia conjunta dois dias antes da tragédia. Ele garante, em sua biografia, que Vargas aceitou a proposta. Café montou ministério conservador e deslumbrou-se em viagem a Portugal, em abril de 1955, que cismou de fazer a bordo do cruzador Tamandaré (navio que protagonizaria cenas de guerra no final de seu governo). Na despedida de Portugal, entusiasmou-se e quase caiu do carro.

Café, em novembro de 1955, sofreria controvertido impeachment, pois licenciou-se do cargo alegando razões de saúde e o presidente da Câmara, **Carlos Luz**, assumiu. Para garantir a posse de JK, supostamente ameaçada por Luz e Café, o general Lott despachou os dois, e Café terminou "detido" em seu apartamento em Copacabana, cercado por aparato militar que olhava distraído da

---

1 Publicado no blog "Brasil Recente" (brasilrecente.com).

janela, observado por ajuntamento de pessoas curiosas. Até que JK assumisse, o 1º vice-presidente do Senado, **Nereu Ramos**, exerceu a presidência. Carlos Luz fugiu no cruzador Tamandaré e o navio foi bombardeado por Lott. Também acabaria vítima de impeachment heterodoxo.

Há detalhe interessante na posse de Nereu Ramos: ele assumiu porque a presidência do Senado era exercida pelo vice-presidente da República, como determinava a Constituição de 1946 (copiando a norte-americana). Como o vice-presidente, Café Filho, e o presidente da Câmara, Carlos Luz, estavam impedidos, assumiu o 1º vice-presidente do Senado.

Outra diferença é que, na época, as regras estabeleciam que as eleições de presidente e de vice-presidente da República ocorriam separadamente, podendo acontecer a eleição de candidatos de chapas opostas. Desse modo, o vice-presidente tinha o seu próprio "cacife" eleitoral. Em 1950, por exemplo, Getúlio obteve quase 3.900.000 votos e Café Filho conquistou pouco mais de 2.500.000. Houve caso em que o vice-presidente recebeu mais votos do que o presidente, como ocorreu com **João Goulart** em 1955 na eleição de JK. Hoje em dia, votamos na chapa, e o nome que a encabeça é que atrai a votação.

O deputado **Ranieri Mazzilli**, como presidente da Câmara, assumiu a presidência da República duas vezes, ambas em situação de crise institucional. Recebeu, por isso, apelido chulo, por ser "descartável" e estar "sempre no lugar certo para evitar derramamento de sangue". Após a renúncia de Jânio Quadros, em 1961, como o vice-presidente estava na China, Mazzilli assumiu. Do mesmo modo, após o golpe de 1964, exerceu figurativamente o mesmo papel. Mazzilli era inexpressivo, havia feito a transferência da Câmara do Rio de Janeiro para Brasília e especializara-se na troca de pequenos favores com os deputados do "baixo clero", obtendo apoio para permanecer no cargo de presidente da Câmara de 1958 a 1965.

José Sarney assumiu em 1985 por causa da doença de Tancredo e agiu com discrição e modéstia, pois sempre valorizou o que chamava de "liturgia do cargo". Enquanto Tancredo Neves esteve vivo, mesmo com remotas esperanças de sobreviver, comportou-se como se aguardasse o retorno do presidente eleito. Fez governo medíocre, mas essa é outra história.

Itamar Franco também manteve o decoro, mesmo tendo rompido com Collor. Começou a delinear seu ministério um mês antes do impeachment do presidente por volta de agosto de 1992, mas negava de público que estivesse fazendo isso e fez questão de alardear, na semana anterior à votação, que se retiraria de cena enquanto aguardava o desfecho do processo na Câmara.

Michel Temer vem anunciando seu governo por meio de balões de ensaio vazados pelos inefáveis Moreira, Jucá, Padilha e outros. As propostas tocam em problemas importantes, mas têm perfil antipopular e foram duplamente derrotadas nos últimos tempos: nas eleições presidenciais e no "estelionato eleitoral" que Dilma tentou praticar ao tentar fazer no governo o que negara na campanha nomeando Joaquim Levy para o Ministério da Fazenda. Ademais, a atividade intensa de Temer, a discussão pública de suas propostas de governo e de seu ministério, tudo isso denota comportamento eticamente condenável, insolente, independentemente da posição política que tenhamos. Um mínimo de recato, menos sorrisos e esgares dariam melhor impressão e talvez afastassem do vice-presidente a fama de traiçoeiro.[2]

---

2   Conheça o episódio da fuga de Carlos Luz a bordo do cruzador Tamandaré no capítulo "O suicídio de Vargas", que pode ser baixado gratuitamente no site da Editora Contexto. Ver, também, FICO, Carlos. *História do Brasil contemporâneo*: da morte de Vargas aos dias atuais. São Paulo: Contexto, 2015.

ENTREVISTA COM LAYMERT GARCIA DOS SANTOS

02/05/2016[1]

***Jornal da Unicamp** – O que o senhor diria ao cidadão brasileiro que se vê perplexo diante da colisão de narrativas, de que a presidente Dilma está sendo vítima de um golpe, contra a de que o que existe é um processo constitucional?*
Laymert Garcia dos Santos – A gente tem duas narrativas que são contraditórias, e que podem ser resumidas assim: "impeachment é golpe", e "impeachment não é golpe". Há ainda um outro termo, que estaria entre os dois, que seria, "impeachment não é golpe, porque está previsto na Constituição, mas este impeachment é golpe", porque não existe nenhuma acusação contra a presidente, exceto a chamada pedalada fiscal, que foi executada por muitos outros governantes antes dela, e ao mesmo tempo continua a ser praticada por governadores, prefeitos, e isso nunca foi considerado crime.

Então, nesse sentido, acho que a palavra golpe cabe, e a pessoa que oscila entre um discurso e outro deveria prestar atenção nesses deslizamentos semânticos e, ao mesmo tempo, atentar para o que as palavras significam. Parece que é uma questão acadêmica, mas na verdade são duas posições antagônicas numa espécie de guerra.
***JU** – Guerra não é uma palavra forte demais para o contexto atual?*
Laymert Garcia dos Santos – Eu não descartaria a palavra guerra, porque na medida em que a posição do "impeachment não é golpe" é uma posição que, se não há crime, não se sustenta juridicamente,

---
1   Entrevista a Carlos Orsi publicada no *Jornal da Unicamp*, Campinas, 2 de maio de 2016 a 8 de maio de 2016, ano 2016, n. 654.

então isso significa que essa posição só pode ser defendida porque não foi aceita a eleição de 2014. O resultado da eleição de 2014. E aí nesse sentido é uma guerra, sim, porque essa crise que estamos vivendo agora foi aberta em 2014, com o não reconhecimento de que a eleição foi legítima.
JU – Mas se o que ocorre hoje é fruto de insatisfação com 2014, por que o estouro só agora?
Laymert Garcia dos Santos – Acho que agora é só o desdobramento de 2014, esse desdobramento foi progressivo, foi incessante. Venho acompanhando essa questão desde 2013, na verdade. Porque, no meu entendimento, as coisas começaram com as manifestações de 2013. Foi lá que a gente viu, pela primeira vez, manifestantes na rua com uma pauta progressista, só que expressa numa linguagem conservadora.

Era uma pauta por ampliação de direitos, portanto uma pauta democrática. Mas o modo como se exprimia era conservador, e foi a primeira vez que a gente viu surgir uma reivindicação conservadora na rua. Isso em 2013. Já em 2014, acho que o impeachment da Dilma começou na abertura da Copa do Mundo, quando convidados do camarote do banco patrocinador começaram a gritar para o mundo – porque a abertura da Copa era transmitida para o mundo inteiro – xingamentos de baixo calão contra a presidente.

Foi a primeira vez que vi um presidente da República ser ultrajado dessa forma, e partindo de onde? Partindo do camarote de patrocinadores da Copa do Mundo. A partir daí começou o escracho da Dilma. E isso foi extremamente sério, porque sinalizou que essa posição, no meu ponto de vista, partia de um grande descontentamento da superelite. Era a superelite decretando guerra.
JU – Mas a superelite vinha convivendo muito bem com quase uma década de governo do PT. Por que romper naquele momento?
Laymert Garcia dos Santos – Porque a elite financeira ficou descontente com a queda dos juros no primeiro mandato. Dilma baixou a taxa de juros, o que descontentou extremamente o mercado finan-

ceiro, além de ter tomado outras medidas. Isso no aspecto interno. Mas eu acho que o que está acontecendo não tem razões só internas, tem razões externas.

JU – Que seriam...?

Laymert Garcia dos Santos – As razões externas são as razões de interesse na desestabilização de um certo projeto de desenvolvimento, de um projeto de país. Essa desestabilização aparece, no meu entender, num golpe, que não é mais nos moldes dos anos 60, 70, porque até nem faria sentido – os militares hoje são legalistas. Mas é uma desestabilização cujo modelo vem sendo aplicado já em outros lugares, em outras regiões do mundo e na América Latina.

Eu não acredito, por exemplo, que a corrupção seja o verdadeiro problema. Não pode ser. Ela é só a máscara, o pretexto, porque se você tem um combate seletivo à corrupção, você não tem combate à corrupção. Na verdade você só vai combater um determinado tipo de corrupção, e a seleção significa que o que vale aqui, não vale lá. E o combate seletivo à corrupção é o que estamos vendo. Levou um tempo para isso ficar explicitado, para ficar claro que a Lava Jato era seletiva, mas agora já está mais do que evidente.

JU – Mas argumenta-se que a Lava Jato começou investigando, especificamente, crimes cometidos contra a Petrobrás durante governos do PT, então o fato de atingir mais petistas é um acidente histórico, uma consequência lógica, não seletividade deliberada.

Laymert Garcia dos Santos – Primeiro: o problema da corrupção na Petrobras não começou nos governos do PT, começou antes. E isso apareceu na Lava Jato, mas não foi considerado, foi o chamado "não vem ao caso". E "não vem ao caso" significa tudo aquilo que houve antes de 2003 – e aí aparece a seletividade: não se investiga, apesar de haver indicações disso nas próprias delações premiadas. Mas só um determinado tipo de delito, só um determinado tipo de gente vai ser investigada, e os outros, você descarta, não dá sequência ao processo, isso por um lado.

Por outro, há vários juristas que questionam a legalidade de atos da Lava Jato. E se há ilegalidades que vão sendo realizadas por aqueles que deveriam zelar pelo cumprimento da própria lei, você já tem outro problema: são ilegalidades não só no modo de captar, através de grampos, mas também de divulgar as informações. A divulgação é cronometricamente estudada para obter efeitos na relação entre Judiciário e mídia. Como bombas informacionais.

JU – Mas as instâncias superiores do Judiciário vêm referendando a maior parte das ações da Lava Jato.

Laymert Garcia dos Santos – Você tem um campo discursivo, político, que está evoluindo. A gente tem que analisar a evolução dos enunciados que aparecem nesse campo, da extrema direita até a extrema esquerda. Tem que olhar os enunciados políticos que são dados nesse campo, e como eles evoluem. E aí você começa a ver qual é a dinâmica desse campo, quem retoma o quê, a fala de quem, quais são os enunciados que vão deslizando, até que a gente chega, enfim, a certos enunciados fortes. É o que tenho feito nos últimos anos, desde 2013. Porque quero tentar entender o que acontece, para além do que a mídia diz, porque não acredito nela. Entender a evolução e como se dá a construção dos discursos.

Se você olhar o campo dos enunciados, você vai ver que o foco da questão do golpe vai se deslocando, e hoje a ênfase, a última descoberta de onde se encontram novos protagonistas do golpe, é no STF. Chegou ao STF. Como protagonistas do golpe.

Não fui eu que inventei esse procedimento analítico. Esse tipo de análise foi feito nos anos 20-30, com relação ao modo como foi desestabilizada a República de Weimar, na Alemanha, com a ascensão do nazismo. E foi durante a República de Weimar que a gente viu a implosão das instituições e uma desestabilização que deu, como resultado, o triunfo do enunciado "Viva a morte!" e a "Solução Final" do problema judeu. Uma das características importantes dessa implosão das instituições, nos anos 20-30, na Alemanha, é o modo como os juízes violavam a lei e a Constituição, e é ao que estamos assistindo aqui.

JU – A maior parte do STF é de ministros nomeados nos governos petistas...
Laymert Garcia dos Santos – Isso significa que são petistas? Não, não necessariamente. Aliás, o contrário, até. Acho que o que houve, no meu entender, a partir dos atos e das falas que os ministros fazem nos autos e fora dos autos – porque eles também têm uma posição pública, têm se manifestado mais fora dos autos que nos autos, ultimamente – e as posições que têm tomado, com exceções, são bastante complicadas. E não sou eu que digo, são juristas.

JU – Quem insiste que as pedaladas da Dilma foram crime menciona o montante envolvido, muito maior que em outros governos, e o fato de terem ocorrido em período eleitoral como agravante.
Laymert Garcia dos Santos – Eu diria que, se pedalada é crime, então pedalada é crime. Se é crime, então por que não foi punida antes, ou em outras vezes. Se não é crime, por que se tornou crime agora? E depois, quais pedaladas se tornaram crime? Porque o que a gente está assistindo agora, com a tentativa de dissociar do caso as pedaladas assinadas pelo Temer, é que há pedalada que vale e pedalada que não vale – de novo, a seletividade. As pedaladas de Dilma são criminosas e as do Temer não são criminosas. Então, que negócio é esse? Tudo que você aborda hoje é assim. Esse é o problema para mim: não há critério. Você percebe que as instituições estão desmontando quando não existe mais regra. A regra vale para mim de um jeito e para você, de outro jeito.

E a votação do impeachment na Câmara? Foi uma coisa fantástica, absolutamente grotesca. Porque você sabe quem são aquelas figuras que falavam de moralidade, contra a corrupção. Acontecia assim também na República de Weimar: as palavras queriam dizer o contrário do que diziam. Você ia ao nível do discurso, as pessoas estavam dizendo alguma coisa, mas significavam o contrário.

JU – A crise da República de Weimar culminou com o fim da República, a instauração do Reich e a ascensão de Hitler ao papel de líder supremo, o führer. O paralelo não é um pouco extremo?
Laymert Garcia dos Santos – Acho que existe um risco parecido no Brasil, porque a questão que importa, para mim, é se você está num estado democrático de direito ou não. No meu entender, não estamos mais num estado democrático de direito. Nós estamos num Estado de exceção. E essa questão é interessante para remontar a Weimar, porque ela foi muito estudada: como se implantou o Estado de exceção na Alemanha.

E o problema, aqui, nesse aspecto dos enunciados, é que muita gente diz que haverá um estado de exceção no Brasil. No meu entendimento, não é que haverá, ele já aconteceu. Se se suspendem as garantias constitucionais a ponto de, por exemplo, ser autorizado por uma instância inferior da Justiça o grampo e a divulgação do grampo da presidente da República, isso significa que a Constituição não está valendo para ela. Se não está valendo para a presidente da República, para quem vai valer?

Para mim esse é o problema: já estamos em um estado de exceção; pois, se as garantias constitucionais não funcionam para a presidente, para ministros e para advogados, para quem mais vão funcionar? Ouço as pessoas dizerem: ah, mas para o povão da periferia nunca funcionou, nunca houve estado de direito. Mas isso não justifica nada. O que se deveria fazer era estender o estado de direito até eles, e não o contrário.

JU – A grande imprensa corporativa é acusada de direcionar o noticiário contra o atual governo. Mas há pluralidade, ou uma busca de pluralidade, nas páginas de opinião, entre articulistas...
Laymert Garcia dos Santos – Eu vejo mais do que direcionamento, vejo um acerto entre as grandes mídias, porque há uma voz comum. As grandes empresas de mídia, com algumas nuances e variantes, têm um posicionamento editorial que é comum. E esse posiciona-

mento comum é fruto de um entendimento comum da leitura da situação, e de qual discurso vão tentar fazer prevalecer.

Graças a Deus a gente tem internet para poder, pelo menos no nível alternativo, por exemplo, nos chamados blogs sujos, construir uma nova versão. Senão, estava tudo completamente dominado, haveria só uma versão dos acontecimentos e você não teria a possibilidade de desconstrução desse discurso. A mídia alternativa está fazendo a desconstrução do discurso unívoco da grande mídia.

JU – A sua área de ênfase de pesquisa é sociologia da tecnologia. Como o senhor vê o papel das novas mídias digitais?

Laymert Garcia dos Santos – Um papel enorme, absolutamente enorme. Antes de mais nada, voltando ao ponto que já tinha levantado, se há a possibilidade de um outro discurso, que não o único das elites, é porque existe internet. E é porque existe gente preparada, que sabe trabalhar informação e que está inventando novas maneiras de processar essa informação com rapidez, poucos recursos, mas com rapidez, na internet.

Boa parte, inclusive, do problema da grande mídia, decorre da internet. As grandes empresas precisam de benesses, de dinheiro público, porque souberam muito mal se adaptar às mudanças tecnológicas que aconteceram. Não só a mídia impressa, mas também a mídia televisiva.

JU – Algo que se critica muito nas novas mídias são as chamadas "bolhas de informação", que dificultam o acesso ao contraditório e radicalizam as posições.

Laymert Garcia dos Santos – Muitas vezes, mesmo antes da internet, as pessoas iam procurar aquilo que confirma suas crenças, ou que reconheciam como pertencentes ao seu mundo. Isso, eu acho que faz parte. É mais do que natural. O que acho que aumentou foi a diversidade de oferta de possibilidades de discursos, para as pessoas não terem de se identificar com um discurso. Isso ampliou bastante. E ampliou, também, de certa maneira, uma espécie de independência com relação à própria produção da informação, porque ficou mais fácil: hoje todo mundo pode, de alguma maneira, produzir informação. É claro que você não pode produzir informação na mesma escala que a grande mídia produz. Mas muitas vezes, do ponto de vista qualitativo, você pode produzir, com poucos recursos, uma informação que pode bater de frente com aquela que é feita pelas grandes corporações, e pode apresentar uma outra versão dos acontecimentos, uma outra análise dos acontecimentos. Isso é possível! Antigamente não era possível, porque era preciso ter muito capital para isso. É uma mudança gigantesca.

JU – Mas hoje uma pessoa também pode ter acesso a milhares de textos que só reafirmam seus preconceitos, sem jamais cruzar com um contraditório.

Laymert Garcia dos Santos – Mas ela também pode confrontar discursos diferentes, tem essa possibilidade de confrontação porque está tudo disponível para ela, em termos de informação. Ela precisa saber ter um filtro, e quanto mais sofisticado o seu filtro, mais sofisticada essa informação será.

Por exemplo: para uma pessoa, um intelectual, um professor universitário, acabou a ditadura de ter que se informar só com a mídia brasileira. Eu, por exemplo, já há anos não leio jornais brasileiros, como prática cotidiana. Leio ou as informações na internet, por meio de um leque de sites e blogs, ou leio diretamente a imprensa internacional. Por que eu leio o *Financial Times*? Porque considero que esse é um jornal global, e é um jornal global que precisa dizer o que está acontecendo para os investidores globais. Ele não pode ficar mentindo. Porque vai ser cobrado pelos seus leitores, que são globais.

Então, mesmo que ele tenha uma posição conservadora, neoliberal, e ele é conservador e é neoliberal, tem que dar a informação para o seu leitor, porque vai ser cobrado num plano que, aqui no Brasil, ninguém está cobrando. Então, prefiro ler um jornal como o *Financial Times,* inclusive para saber melhor o que acontece no Brasil.

JU – O senhor mencionou como algumas palavras vão mudando de sentido. Hoje em dia, uma palavra muito usada é "fascismo", "fascista". Ela já não se desgastou?
Laymert Garcia dos Santos – É preciso tomar muito cuidado com essa palavra. Como xingamento, você a ouve das maneiras mais variadas, aplicada às pessoas mais variadas e aos pontos de vista mais variados. Então, digamos, no geral, a palavra ficou banalizada. Mas existe alguma procedência de um certo emprego da palavra "fascismo" para designar o que está acontecendo nesta situação do Brasil contemporâneo? Eu acho que sim.

E por que acho que sim? Porque a gente nota uma questão que aparecia no fascismo de modo muito forte – era que a posição do fascista não é suscetível de argumentação. Não há argumentação possível com o fascista. E por quê? Porque mesmo que ele não tenha argumento, se você der dez argumentos para ele, ele não vai ouvir, porque a posição dele é irracional, ele é movido pelo ódio, e por um ódio que é visceral. Que evidentemente foi plantado na cabeça dele, ao longo de um tempo muito grande, que ele incorporou como sendo dele. Não há possibilidade de diálogo.

E o que estamos vendo no Brasil, que era uma coisa que não existia aqui, é justamente o surgimento desse tipo de comportamento visceral, irracional, absolutamente imune a qualquer consideração de ordem argumentativa, e que parte direto para a violência.

Eu chamo isso de bicho-preto. Pula o bicho-preto da pessoa, aquilo que foi suscitado e que existe de mais negro na alma humana, e é isso que está sendo mobilizado. É essa mobilização que gera um movimento fascista. A mobilização política desse *pathos*, dessa quase patologia, isso é fascismo.

JU – Supondo que se instaure um governo de Michel Temer. Que perspectivas o senhor vê?
Laymert Garcia dos Santos – Acho que a situação brasileira vai ser caótica. Vai ser caótica, mas, do ponto de vista do interesse externo, que está de olho no pré-sal, na questão da energia nuclear, enfim,

naquilo que interessa, os chamados ativos que interessam no Brasil, se vier o caos, eles plantaram isso, o caos não está fora do programa. Aliás, não vai ser o primeiro país a entrar em situação de caos programado.

JU – *O senhor não espera que Michel Temer consiga conduzir um governo na normalidade.*

Laymert Garcia dos Santos – É uma história da carochinha, isso: o Temer entra, e aí o problema some porque o problema era a Dilma. Tira-se a Dilma e aí todo mundo vai aceitar, o Temer entra e está tudo bem... é imaginar que existe um problema de pessoa, e não de processo. Não dá para acreditar que, uma vez tirada a presidente, todo mundo vai aceitar essa versão. Por sinal, essa narrativa já não está sendo aceita, pois a cada dia que passa há mais gente contra o golpe – todos os dias há manifestações. Mas você diz: as manifestações não aparecem. Com efeito, a mídia oculta. Mas elas existiram. As pessoas que foram às manifestações estão aí, estão se politizando nas manifestações.

Se você olhar a idade das pessoas que estão nessas manifestações, verá que houve uma politização violenta de adolescentes e de jovens que, de repente, descobriram que a democracia está ameaçada e que não querem viver num mundo onde não vão ter liberdade, porque o Bolsonaro e o Feliciano [deputados federais Jair Bolsonaro (PSC/RJ) e Marcos Feliciano (PSC/SP)] vão dizer para elas o que podem fazer ou não.

Então, não é assim: tira a Dilma, o Temer entra, compõe o governo e tudo passa a funcionar. Isso é uma visão absolutamente simplista do Brasil, é considerar que o Brasil hoje é o que ele era no século 19.

Aliás, um dos pontos principais de todo esse processo é o desejo de regressão à condição colonial. Não se trata de voltar ao tempo de antes do Lula, é desejo de voltar para a Colônia. Porque a toda hora reaparece a questão dos negros, dos pobres, dos excluídos, a questão das empregadas domésticas: tudo que é questão de casa-

-grande e senzala voltou, da violência colonial. No plano interno, trata-se de uma restauração da dominação colonial, cuja contrapartida no plano externo é a submissão total ao Império, à Metrópole.

JU – Um dado novo é a ascensão da direita evangélica, que vem se integrando muito bem às elites tradicionais.

Laymert Garcia dos Santos – Elas são a massa de manobra das elites tradicionais. Eu considero assim. As elites sabem que precisam mobilizar um setor da sociedade. Porque as elites não vão para a rua, é claro. Mesmo aqui do lado, quando batem panela em Higienópolis, vá ver como batem panela: não há uma única pessoa que apareça na janela. As panelas são batidas com a luz apagada e as pessoas fora da janela. Isso mostra, para mim, que elas têm uma posição, são radicalmente contra o governo, batem panela, mas não de peito aberto.

JU – O senhor vê uma possibilidade de conciliação?

Laymert Garcia dos Santos – Não vejo, porque acho que, no fundo, quem fazia a conciliação era o Lula. As elites brasileiras ganharam mais dinheiro que nunca com o Lula. Só que não foram só elas, houve uma parcela da população que não ganhava nada, que ganhou um pouquinho e deu uma melhorada. Se eu fosse da superelite, eu construía uma estátua para o Lula, em nome da paz social – os ricos ganhavam, os outros ganhavam e ficavam contentes, e você tinha um país minimamente civilizado. Mas não, a ganância é tanta que o 1% quer guerra total contra o resto. O 1% quer tudo!

JU – Se o impeachment for consumado, o senhor vê chances para a esquerda no pleito de 2018?

Laymert Garcia dos Santos – Sim. Por uma razão: mesmo com todo esse tiroteio diário em cima do Lula, ele ainda é o político que tem mais credibilidade no Brasil. Com toda essa invenção de pedalinho e outras coisas, seus algozes escarafunchando a vida dele e da família dele inteira, virando tudo pelo avesso... e o que acharam? É grotesco! Uma pessoa que teve a projeção mundial que teve o Lula, se quisesse roubar, não ia ser para comprar uma chacrinha em Atibaia, um apartamento no Guarujá.

BRASIL: PASSADO E PRESENTE E IRONIAS DA HISTÓRIA

James N. Green,
12/05/2016[1]

Em 1964, quando os militares lideraram um golpe de Estado, a Câmara dos Deputados obedientemente declarou que o presidente João Goulart havia abandonado o país (embora ele não o tivesse feito) e instalou o presidente daquela casa como presidente do Brasil. O presidente dos EUA, Johnson, reconheceu imediatamente o novo governo. As principais acusações contra Goulart foram a corrupção e influência comunista no governo, embora a inflação alta e uma onda de greves e rebeliões nas fileiras inferiores das Forças Armadas tenham alimentado sentimentos pró-golpe. A Igreja Católica, empresários, políticos e o embaixador EUA no Brasil, Lincoln Gordon, comemoraram a derrubada do governo Goulart e insistiram em simulacros legais e procedimentos do Congresso para legitimar o novo regime. No entanto, uma ditadura tinha sido instalada no país.

Não há dois processos históricos iguais, e analogias correm o risco de desconsiderar diferenças significativas entre um evento e outro. No entanto, algumas considerações parecem estar na ordem no dia em que o Senado brasileiro aprovou um processo de impeachment contra a presidenta Dilma Rousseff:

1. Embora várias comissões parlamentares de inquérito tenham sido estabelecidas para provar as acusações de corrupção contra o governo Goulart, evidências não puderam ser encontradas,

---

[1] Publicado originalmente em inglês na página pessoal do Facebook do autor.

ainda que certamente o seu governo, como todos os outros, tivesse sido envolvido em esquemas de propina de contratos e outras malfeitorias. Enquanto parece não haver dúvida de que membros do governo Dilma e seus partidos aliados (muitos dos quais mudaram de lado e estão agora no poder) estivessem envolvidos em corrupção, não há nenhuma indicação de que a presidenta tenha, de alguma forma, usado em benefício próprio ou para vantagem pessoal seu cargo ou poder.

2. O senador Antônio Anastasia, de Minas Gerais, que foi o relator na Comissão Especial do Senado para o conjunto de acusações contra a presidenta, cometeu as mesmas ações fiscais, conhecidas como "pedaladas", que são as bases para o impeachment de Dilma, quando ele era governador de seu Estado. O mesmo é verdade para muitos outros governadores. No entanto, é altamente improvável que algum deles venha a ser acusado da mesma maneira.

3. Como tem sido amplamente apontado nos meios internacionais de comunicação, muitos dos defensores mais proeminentes do impeachment têm sido acusados de corrupção, tráfico de influência, propinas e outros esquemas para enriquecimento financeiro pessoal. Quando o Supremo Tribunal Federal afastou o presidente da Câmara dos Deputados, Eduardo Cunha, de seu cargo, parece mais que ele tenha sido um cordeiro sacrificado para indicar simbolicamente que o Corte Suprema é contrária às formas graves de corrupção, ainda que ela não tenha feito nada contra o presidente do Senado, Renan Calheiros, que também tem sido implicado em escândalos de corrupção. Ou eles vão tirá-lo do cargo bem depois que o Senado julgar a presidenta Dilma Rousseff culpada?

4. A sociedade brasileira clama por um fim à corrupção e por uma correção dos rumos da economia. A proposta inicial do vice-presidente Michel Temer tem sido fazer cortes no orçamento, reduzir programas sociais, eliminar proteções trabalhistas e privatizar mais empresas estatais. Além disso, ele não podia encontrar uma única mulher para assumir uma posição em seu gabinete ministe-

rial. Seu novo governo dependerá fortemente da bancada religiosa fundamentalista no Congresso para reverter vitórias dos movimentos feministas e LGBT. O programa do vice-presidente Temer é o mesmo daqueles que perderam a eleição menos de dois anos atrás. Eu não sou bom em prever o futuro, mas ficarei surpreso se mais do que um punhado simbólico dos políticos do lado do pró-impeachment for condenado por corrupção, enquanto Lula certamente será impedido de concorrer a um cargo em 2018. Apertar os cintos da austeridade fiscal será um dos pretextos para cortar programas governamentais atuais.

5. Então, é um golpe de Estado ou uma transição democrática que respeitou os procedimentos constitucionais e fortaleceu a democracia no Brasil? Se nós só pensarmos em tanques na rua e generais no poder, estamos perdendo de vista o mais importante. Uma mudança radical e ilegítima do poder pode ter lugar sem a ajuda das Forças Armadas.

Hoje é um dia triste para aqueles que lutaram contra o regime militar e pressionaram para um retorno ao regime democrático. Enquanto muitos podem argumentar que esse é o primeiro passo para acabar com a a corrupção e fortalecer a democracia, temo que tal otimismo seja equivocado. As elites políticas e econômicas do Brasil têm conseguido manter o controle sobre o sistema de governo durante a maior parte da história do país. Eles só estão operando para fazer isso novamente.

TREZE DE MAIO:
CONVERSA DE HISTORIADORAS

13/05/2016[1]

UMA DATA PARA REFLETIR E CELEBRAR
(HEBE MATTOS)

O blog Conversa de Historiadoras não poderia deixar o 13 de maio passar em branco. Desde que combinamos a atual sequência de artigos, programamos, para este domingo, um dossiê com pequenos textos de todas nós refletindo sobre a data. No contexto político atual, porém, refletir sobre este 13 de maio em que se comemoram 128 anos da abolição legal da escravidão no Brasil ganhou um significado ainda mais especial.

O título do dossiê vem de um post da historiadora Wlamyra Albuquerque em sua página no Facebook, que eu peço licença para citar:

> *7 homens brancos perfilados no poder. É 13 de maio. Uma multidão rodeava José do Patrocínio. Era 13 de maio de 1888. No ar, o cheiro de canaviais queimados no Recôncavo baiano por ex-escravos apontava o alvo, os senhores brancos poderosos. Ontem, eram só 80 mil com o brilho nos olhos e sangue rebelde nas ruas. A juventude nos lidera. Em 1888, uma multidão gritava que a abolição foi conquista negra. Patrocínio alertava: a bandeira da liberdade está sempre em risco. Hoje é o treze de maio de luta. A bandeira*

---

1 Publicado no blog Conversa de Historiadoras (conversadehistoriadoras.com).

da liberdade segue carregada pela juventude negra, pobre, feminina, LGBT e guerreira. Se a luta é antiga, a batalha é pra hoje: treze de maio de 2016. Fogo nos canaviais!

O *post* de Wlamyra está compartilhado no grupo Historiadores pela Democracia no Facebook. Criado por iniciativa do blog como forma de resistência ao atentado à democracia que estamos vivendo, o grupo já conta com mais de mil participantes.

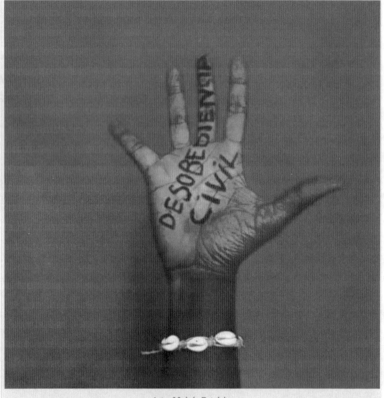

Arte: Moisés Patrício

Mas 13 de maio de 2016 não foi apenas um dia de resistência democrática. Foi um dia de tristeza para todos os brasileiros e, em especial, para os descendentes dos últimos libertos do Brasil, a geração dos 13 de maio. Alguns de seus netos ainda vivos, como Manoel Seabra, do Quilombo São José, viram o novo governo interino e ilegítimo interromper com uma canetada a política de titulação de terras quilombolas pelo Incra. Impossível não evocar uma outra simbologia também fortemente ligada à data da abolição, sua incompletude: "O 13 de maio marca o fim formal da escravidão no Brasil. Processo cujo desfecho é similar ao que vivemos hoje: rebote conservador depois de maré reformista", escreveu Ângela Alonso, em outro post.

O 13 de maio terá sempre múltiplos significados, por isso é uma data tão rica para pensarmos o presente. Dia da maior reforma social e política do Brasil, a aprovação da chamada Lei Áurea tornou ilegal uma instituição infame que estruturou por três séculos a história da colonização portuguesa na América e a construção do primeiro Estado nacional brasileiro. O dia 13 de maio deixou de ser feriado no Brasil, mas se tornou o Dia dos Pretos Velhos nas tradições religiosas afro-brasileiras. Dia de festa, dia de luta contra o racismo, dia de reflexão, dia de celebração.

TREZE DE MAIO TAMBÉM É DIA DE NEGRO!
(ANA FLÁVIA MAGALHÃES PINTO)

A *Gazeta de Notícias*, em 14 de maio de 1888, informava a seus leitores:

> Reuniram-se anteontem, a convite da Sociedade Cooperativa da Raça Negra, os *delegados de diversas corporações de descendentes da mesma raça*, a fim de deliberarem sobre os meios de agradecer àqueles que trabalharam para o acontecimento glorioso que, para honra de nossa pátria, completou-se sem a menor perturbação na ordem pública, e resolveram nomear uma comissão executiva dos festejos, que apresentará o programa destes, sendo um deles um *Te-Deum* na igreja da venerá-

vel irmandade de Nossa Senhora do Rosário e São Benedito [grifo meu].

Efetivamente, para além do que aconteceu no interior do Paço Imperial, não foram poucas as pessoas que se encheram de expectativa sobre o futuro nos dias que antecederam e sucederam o 13 de maio de 1888. Mais do que isso, na contramão de várias versões construídas ao longo do tempo, não foram poucas as mulheres e homens negros que estavam nas ruas ou que foram nelas lembrados como responsáveis pela chegada ao momento da assinatura da lei que extinguia formalmente a escravidão no Brasil. Entre lembrados e esquecidos atualmente, sobressaíam-se Luiz Gama, Ferreira de Menezes e José do Patrocínio, por exemplo.

Aspecto central da minha pesquisa de doutorado[2], o interesse por essa presença negra nas lutas abolicionistas, entretanto, me foi despertado por uma espécie de afirmação da ausência sugerida em falas de pessoas um pouco mais velhas como forte justificativa para a defesa do 20 de novembro, visto como uma data mais legítima para simbolizar as lutas contra o racismo e a discriminação racial no país. A denúncia da "falsa abolição" – bastante documentada pelo Acervo Cultne[3] – levava muita gente do final do século XX a dissociar aquele ato do governo imperial da ação política negra. Entre os vários registros em que esse discurso aparece, a contar do fim dos anos 1970, destacaria ainda as músicas produzidas por compositores e grupos afros. Martha Rosa Queiroz[4], na tese em que problematiza a dicotomia entre cultura e política no fazer das organizações negras pernambucanas entre 1979 e 1995, cita uma série

---

2   PINTO, Ana Flávia Magalhães. *Fortes laços em linhas rotas: literatos negros, racismo e cidadania na segunda metade do século XIX*. Tese de Doutorado em História, Campinas: UNICAMP, 2014.

3   www.youtube.com/user/Cultne, acessado em 13 de maio de 2016.

4   Martha Rosa Queiroz. *Onde cultura é política: Movimento Negro, Afoxés e Maracatus no carnaval do Recife (1979-1995)*. Tese de Doutorado em História. Brasília, UNB, 2010.

de exemplos, entre os quais "Dia de Negro", música de Zumbi Bahia, para o bloco Quilombo Axé:

> Irmãos e irmãs assumam sua raça assumam sua cor/ Essa beleza negra Olorum quem criou/ Vem pro Quilombo Axé dançar em nagô/ Todos unidos num só pensamento/ Levando à origem desse carnaval/ Desse bloco colossal/ Pra denunciar o racismo/ Contra o apartheid brasileiro/ 13 de Maio não é dia de negro/ 13 de Maio não é dia de negro/ Quilombo axé, colofé, colofé, colofé, Olorum.

Em face desse aparente choque de temporalidades, penso que fazer o papel de juiz das razões e estratégias adotadas por ativistas negros – que naquele momento intentavam promover o desmonte do mito da democracia racial e, ao mesmo tempo, reposicionar o lugar de africanos e seus descendentes na história nacional – não figura como a melhor opção para quem está interessado na compreensão das experiências negras numa perspectiva histórica. Sobretudo neste momento em que julgamentos ilegítimos de natureza comum conduzem o país mais uma vez a cenários trágicos.

Afinal, pelo menos ainda é consenso entre historiadores que a abolição, seguida de uma série de manobras que inviabilizaram um debate sério sobre a formulação de políticas de apoio ao trabalhador nacional, mantém-se como um tema que desperta interesse justamente por estar repleta de conflitos. Por outro lado, como sabiamente me disse Luiza Bairros, referência do movimento negro e de mulheres negras, numa dessas conversas que impulsionam uma vida inteira: Nós não tínhamos elementos para fazer uma outra leitura do 13 de maio. A recuperação dessa outra história está nas mãos de vocês que estão chegando às universidades em maior quantidade e num outro cenário – tal como me recordo.

Por isso, neste 13 de maio de 2016, marcado pela entrega da demarcação das terras dos remanescentes das comunidades quilombolas nas mãos do deputado José Mendonça Bezerra Filho

(DEM/PE), agora ministro da Educação e Cultura, e pelo início do Encontro Nacional de Estudantes e Coletivos Universitários Negros (Eecun), na UFRJ, eu preferi alimentar minha aposta de que, em se tratando de história do Brasil, não dá para abrir mão de toda e qualquer experiência de resistência empreendida pelos vários segmentos populacionais subalternizados no Brasil. Sendo assim, não dá para deixar o dia passar em branco, sem dizer que "Treze de maio *também* é dia de negro"! E para embalar essa celebração da memória de luta, nada melhor do que os versos de Seu Wilson Moreira e Nei Lopes, em seu "Jongueiro Cumba": "O dia tanto treze quanto vinte/ Avia que o negócio é o seguinte:/ Um é feriado novo/ O outro é de todo esse povo/ Vamos os dois festejar".

É UMA QUESTÃO POLÍTICA, COMO INSISTE O ORADOR
(KEILA GRINBERG)

"A questão não é de sentimentalidade, é uma questão política", insiste o orador.

> Com finanças já arruinadas, com uma dívida pública que vai crescendo a passos agigantados, com as fontes de produção ameaçadas, *é preciso que os representantes da Nação sejam mais cautelosos.* Abra-se o relatório do Ministério da Fazenda, vejam-se os balanços do Tesouro, coteje-se a renda arrecadada nas alfândegas, visto que os nossos tributos consistem quase que exclusivamente em direitos de exportação e direitos de importação. Encontram-se aí lições eloquentes.

O orador em questão é o deputado Andrade Figueira. O discurso foi proferido em 9 de maio de 1888. A cautela que ele recomendava? A iminente e imediata abolição da escravidão, grande problema para os lavradores de Minas Gerais, São Paulo e Rio de Janeiro. Melhor ter cautela, argumentava ele, já que dois terços das rendas públicas dessas províncias, as mais produtivas do país, eram baseadas no trabalho escravo. "Quer-se agora extinguir tudo isso: *já pensou no resultado que este acontecimento acarretará para as rendas públicas?*" Andrade Figueira votou contra a aprovação da lei que extinguia a escravidão. Defendia a indenização aos proprietários de escravos. E queria ainda que o governo os ajudasse, criando uma linha de crédito para se adaptarem aos novos tempos do pagamento de salários, não fazendo sofrer, assim, "a produção nacional e as rendas públicas em sua marcha ascendente. Mas querer destruir sem edificar é expor a pátria a um grande perigo!", alertava Figueira. "É expor o crédito público, que está comprometido por somas importantes nas praças estrangeiras e por contratos solenes com companhias estrangeiras, a azares perigosos".

Qualquer semelhança entre o nobre deputado e aqueles que hoje defendem retrocessos nas conquistas sociais em nome do equilíbrio nas contas públicas e da defesa dos interesses privados não é mera coincidência. Mas veio o 13 de maio e a História reservou lugar de honra a Figueira: o esquecimento. Que o destino reservado a seus tataranetos políticos seja o mesmo. Afinal, entre os membros da Câmara dos Deputados daquele célebre maio de 1888, de quem você já ouviu falar? Andrade Figueira ou Joaquim Nabuco?

SEXTA-FEIRA 13 (DE MAIO)
(GIOVANA XAVIER)

São conhecidas as disputas pela memória oficial da abolição da escravatura no tempo presente, disputas estas simbolizadas pela contraposição entre o 13 de maio, data de assinatura da Lei Áurea pela Princesa Isabel, e o 20 de novembro de 1695, dia em que Zumbi, líder do quilombo dos Palmares, foi morto lutando pela liberdade sua e dos palmarinos. Tal guerra de narrativas entre o 20 e o 13 iniciou-se em debates travados no âmbito do recém-criado Movimento Negro Unificado no fim dos anos 1970, conforme pontuou Ana Flávia Magalhães Pinto em seu post. Particularmente, acho que o 13 de maio é um dia que também deve ser reconhecido como parte das nossas lutas; afinal de contas a abolição foi feita à base de muita "raça" e ativismo de pessoas negras que recusaram até o fim a condição de escravizadas. Além disso, a despeito de todos os limites e imprecisões que a ideia de liberdade carrega em seu bojo, o 13 representa um marco. Daquela data em diante, as categorias senhor e escravo deixaram de existir do ponto de vista jurídico, embora na prática ainda hoje sejam reatualizadas através de processos de racialziação que naturalizam hierarquias socialmente construídas entre negros e brancos não somente no Brasil, mas em todas as sociedades pós-escravistas. Em meio a essa guerra de narrativas, foi muito significativo ter participado da mesa solene "Fortalecer para permanecer: uma permanência estudantil para muito além de moradia e alimentação", do I Encontro de Estudantes e Coletivos Negros Universitários, sediado na UFRJ, justamente no dia 13 de maio de 2016. Falar com mais de 1.500 jovens negros, com tonalidades de pele, texturas de cabelos, sexualidades, gêneros e classes plurais, leva-nos a pensar que essas juventudes negras têm nos ensinado – na prática – a lutar por sentidos de liberdade que deem conta das nossas experiências como *pretxs*.

Autônomo e organizado sob os princípios da autogestão, o Eecun possui uma estrutura que abarca dezenas de coletivos universitários negros espalhados por todo o Brasil, entre eles, o respeitado Coletivo Negro Carolina Maria de Jesus (UFRJ), conhecido por suas articulações entre academia e movimentos sociais como o Reaja ou Será Morta, Reaja ou Será Morto e também, não menos importante, pelo diálogo horizontal com o Sindicato das Trabalhadoras Terceirizadas da UFRJ, com que as e os integrantes do coletivo, como Caroline Amanda Lopes Borges, Nayara Silva e Denilson Souza, mantêm estreita relação, fazendo aflorar não apenas sentidos de ativismo que articulam classe, raça, gênero e geração, mas também distinguindo-se das estruturas clássicas dos movimentos estudantis (DCE e centros acadêmicos), com pouco espaço para diálogos com as classes trabalhadoras. Na sexta-feira 13 do Eecun, viajei para longe, lembrando-me da Missa da Abolição narrada por ninguém menos que Lima Barreto:

> *Estamos em maio, o mês das flores, o mês sagrado pela poesia. Não é sem emoção que o vejo entrar. Há em minha alma um renovamento; as ambições desabrocham de novo e, de novo, me chegam revoadas de sonhos. Nasci sob o seu signo, a treze, e creio que em sexta-feira; e, por isso, também à emoção que o mês sagrado me traz se misturam recordações da minha meninice. Agora mesmo estou a lembrar-me que, em 1888, dias antes da data áurea, meu pai chegou em casa e disse-me: a lei da abolição vai passar no dia de teus anos. E de fato passou; e nós fomos esperar a assinatura no Largo do Paço.*

Enquanto pensava na narrativa de Lima Barreto, olhava para aquela plateia repleta de estudantes negros, ciosos por darem continuidade à escrita de suas próprias histórias. Saltou-me aos olhos uma delas, com seu casaco preto escrito em letras garrafais brancas "Mães de Maio", uma referência ao movimento de mulheres que perderam seus filhos em razão da violência policial e da naturalização do genocídio da população negra em São Paulo. Como não pensar nos dizeres no agasalho em conjunto com a frase ostentada na legenda a uma das imperdíveis fotos do encontro?

> *13 de maio, dia nacional de luta contra o racismo.*
>
> *Que esse 13 de maio seja lembrado como o dia de luta do Eecun – Encontros Nacional de Estudantes e Coletivos Universitários Negros.*
>
> *Um dos grandes passos pra uma verdadeira abolição.*

Agora, mais do que nunca, precisamos ouvir e aprender com as Mães de Maio quando elas dizem "escrevemos na guerra". Em tempo: Feliz 13 de maio!

O 13 DE MAIO E OS OLHOS DO MUNDO
(MÔNICA LIMA)

De um lado e outro do Atlântico celebrou-se a assinatura da lei de 13 de maio de 1888. A abolição da escravidão no Brasil foi festejada naquele ano durante vários dias na cidade de Lagos, na atual Nigéria, na África ocidental. Solenidades com discursos de importantes personalidades, cerimônias religiosas e um grande baile marcaram o início das comemorações oficiais, seguidas por diversas celebrações com queima de fogos, uma sessão teatral, apresentações musicais, um desfile de carnaval e um baile a fantasia. Nas ruas, praças e igrejas de Lagos a população se reuniu para cantar e dançar a abolição da escravidão no Brasil. Diversos jornais locais, como o *Lagos Observer*, destacaram e saudaram a lei por meio de artigos e editoriais. Destacaram a importância do fim da escravidão para as populações da África para a paz e boas relações com o nosso país. Essas e outras histórias que remetem ao significado da lei são narradas, a partir de pesquisa em periódicos lagosianos, na excelente tese de doutorado sobre a comunidade de brasileiros em Lagos recentemente defendida na Universidade de São Paulo pela historiadora Angela Fileno da Silva.

Não foram somente os africanos a saudar a abolição da escravidão no nosso país. Outros jornais em diferentes partes do mundo, especialmente na Inglaterra, noticiaram a medida e a celebraram, reconhecendo-a como um marco para um outro Brasil no cenário mundial. Hoje, cento e vinte e oito anos depois, são outros os destaques da imprensa internacional sobre o Brasil. Aparecemos como um país em que um grupo de políticos corruptos fez aprovar sem nenhuma base consistente, num visível e ardiloso golpe, o processo de impeachment contra uma presidenta eleita com 54 milhões de votos e que promovera políticas públicas progressistas e dirigidas à população mais carente – que, no nosso país é sobretudo negra.

A lei de 13 de maio de 1888 resultou da ação do movimento social abolicionista e da luta de escravizados e de libertos que, com atitudes e argumentos, pressionaram e criaram diversas situações de rebeldia, em ações coletivas e individuais. Fugas, formação de quilombos, rebeliões e campanhas públicas fizeram da abolição uma causa de muitos e um desejo da maioria. Juntamente com a campanha internacional abolicionista, tais ações tornaram insustentável a continuidade do cativeiro no Brasil. As narrativas das experiências de africanos escravizados que conseguiram a liberdade, quando divulgadas nos meios da época, causavam comoção e contribuíam para aprofundar o forte apelo da onda abolicionista.

Hoje também estamos frente a sérias ameaças aos processos de reconhecimento dos direitos dos quilombolas, herdeiros diretos dessa história de luta pela liberdade. Uma das primeiras medidas do governo Temer alterou os trâmites para o reconhecimento dos direitos de propriedade aos territórios de quilombo – que incluem, em sua acepção mais completa, comunidades quilombolas urbanas, como o Quilombo da Pedra do Sal, na zona portuária do Rio de Janeiro. Trata-se de direitos reconhecidos pela Constituição de 1988 – ano do centenário do 13 de maio. Segundo avaliação de historiadores comprometidos com a causa quilombola, há perigo de um retrocesso.

Nesses tempos de ameaça às conquistas negras e populares, devemos aprender com os quilombolas que a obtenção da real liberdade resulta de uma luta permanente e ao mesmo tempo celebrar as conquistas de forma a não esquecer que vale a pena continuar lutando. #VaiTerLuta

FESTAS DE 13 DE MAIO
(MARTHA ABREU)

Não sei bem os motivos, mas sempre achei que as festas tinham algo muito especial, difícil de explicar quando se é criança. Talvez porque as festas fossem lugares onde todos estavam alegres – ou pareciam alegres (pois eram inevitáveis os conflitos); locais de encontro, música e riso. Na minha família e na minha escola, as festas exigiam nossa presença com o que tínhamos de melhor e de mais bonito. E ainda planejávamos o futuro: as festas do ano que vem sempre seriam melhores! Eu chegava a perceber também que as festas davam o maior trabalho... e não era pequeno o esforço de organizar as comidas, bebidas, músicas, danças e, talvez o mais difícil, a escolha dos convidados. Quem iria? Quem seria barrado? As festas exigiam certa arte política e muitas costuras entre as várias identidades. Quem entrava e quem ficava de fora...

Minha formação e provavelmente a de todos nós passou pelas festas. Tornamo-nos cariocas, baianos, gaúchos, brasileiros, sambistas, pagodeiros ou jongueiros ali, vivendo os aniversários, casamentos, carnavais, viradas de ano, festas juninas, festas de santo... tantas festas. Dizia minha saudosa amiga Ana Lugão que, brincando o carnaval, cumpríamos nosso dever cívico de tornar nossas filhas brasileiras e cariocas.

Quando cresci, algo aconteceu e minhas memórias das festas começaram a não combinar com o que eu lia. Aprendi na faculdade de História, lendo importantes teóricos, que as festas eram válvulas de escape da realidade, ou lugares para a celebração de tradições conservadoras, em geral católicas. A religião também alienava.

Ainda bem que os tempos mudaram, junto com a historiografia e com os movimentos políticos (será vice-versa?). Os movimentos pela redemocratização, a partir do final dos anos 1970, iriam reconciliar minhas memórias infantis com as novas vivências das festas. A esquerda começou a levar mais a sério as festas, incorporando a alegria e a música em seus comícios. Não foi mesmo por acaso que escrevi o *Império do Divino, festas e cultura popular no Rio de Janeiro, no século XIX*, nos primeiros anos da década de 1990. Muita coisa tinha mudado. As festas não eram mais lugar para esquecer e fugir, mas para lembrar, lembrar de pessoas, de histórias e de conquistas; lugar de renovar os encontros e as esperanças. Tornei-me historiadora das festas.

Foi com enorme emoção que, pela primeira vez, assisti às festas do 13 de maio do quilombo de São José da Serra, em 2003 ou 2004, a partir de convite de Hebe Mattos. Ali estavam, e sempre estiveram, todas as possibilidades culturais, políticas e sociais das festas. O jongo marcava a identidade negra e as memórias de um cativeiro, que não podia ser esquecido; a fogueira unia todos, velhos e jovens, com os antepassados; os pretos velhos, abençoavam os participantes e renovavam as energias; as festas teciam solidariedades internas e externas na luta por um futuro melhor, a partir da identidade quilombola, do direito à terra e das ações de reparação. A feijoada trazia alegria ao corpo e à alma. Ali, passado, presente e futuro se encontravam.

Em 2005, o Iphan considerou o jongo patrimônio cultural do Brasil a partir de uma demanda de São José da Serra e do Jongo da Serrinha, com o apoio de todos os grupos jongueiros do velho sudeste escravista. Cultura e festa tornavam-se oficialmente patrimônio e direito, bandeira de luta política para muitas conquistas.

Em pouco tempo, muitas outras festas trilharam esse caminho, que já tinha sido aberto com samba de roda baiano. Tornaram-se patrimônio cultural brasileiro maracatus, cocos, bois, matrizes do samba carioca etc.

Em tempos tão difíceis que se avistam agora, só posso esperar vida longa para as festas!!! Festas que mantenham as esperanças; festas que celebrem memórias de conquistas e direitos! Festas que, como as festas do 13 de maio de São José, não podem ser esquecidas.

CARTA ABERTA AO
EMBAIXADOR MICHAEL FITZPATRICK

*James Green,
19/05/2016*[1]

> *Carta aberta ao Embaixador Michael Fitzpatrick, representante dos EUA na Organização dos Estados Americanos (OEA)*

Caro Embaixador Fitzpatrick,

Fiquei extremamente desapontado ao ler que você afirmou que, inequivocamente, o processo de impeachment atualmente em curso no Brasil é democrático e legítimo. Mesmo considerando os perigos existentes na comparação histórica de eventos ocorridos em diferentes períodos, digo que o governo dos EUA está correndo o risco de repetir o trágico erro feito em abril de 1964, quando o Presidente Lyndon B. Johnson reconheceu a ditadura militar que havia tomado o poder e que terminou governando o país por 21 anos.

Você declarou o seguinte: "Há um claro respeito pelas instituições democráticas e uma clara separação de poderes. No Brasil, é claramente a lei que prevalece, emergindo com soluções pacíficas para as disputas". Você também afirmou: "Nós não acreditamos que isso seja um exemplo de um 'golpe brando' ou, para esse efeito, um golpe de qualquer tipo. O que aconteceu em Brasil cumpriu rigorosamente o procedimento legal constitucional e respeitou totalmente as regras democráticas".

---
1 Publicada originalmente em inglês e português na página pessoal do autor no Facebook.

Esses são precisamente os argumentos que o embaixador Lincoln Gordon usou 52 anos atrás, quando ele insistiu que a administração Johnson imediatamente endossasse a tomada do poder pelos militares, que foi legitimada pela aplicação formal da Constituição e pela votação majoritária do Congresso.

Tenho certeza de que você está familiarizado com a história recente do Brasil. Mesmo assim, vale certamente a pena uma revisão, dada a situação atual. Peço desculpas se minhas observações são extensas. Eu sou um historiador e, honestamente, acredito que o entendimento do passado é importante para compreender o presente. E, como o compositor brasileiro Tom Jobim uma vez gracejou, "o Brasil não é para principiantes".

Em 1960, Jânio Quadros, um candidato de centro-direita, foi eleito presidente. João Goulart, um político de centro-esquerda, tornou-se vice-presidente, porque se votava separadamente para presidente e vice-presidente. Sete meses depois, Quadros repentinamente renunciou ao cargo. Setores militares tentaram, sem sucesso, impedir Goulart de assumir a presidência.

A direita, infeliz com o fato de que Goulart assumiu o cargo, organizou uma ampla coalizão para retirá-lo do poder. Ela incluiu a Igreja Católica, empresários, grande mídia e grandes setores das classes médias. Esses eventos ocorreram em um contexto de uma crise econômica, inflação e movimentos de base de trabalhadores, camponeses e marinheiros clamando por maior inclusão econômica e social.

Como já foi largamente documentado e revelado pelos documentos liberados do Departamento de Estados dos EUA, o embaixador Lincoln Gordon e o seu adido militar Vernon Walters ativamente apoiaram a conspiração para depor Goulart. Eles usaram os argumentos da Guerra Fria, segundo os quais Goulart estava sendo manipulado pelo Partido Comunista Brasileiro, que ele era corrupto e que ele queria assumir um poder ilimitado. Eles garantiram aos generais brasileiros que, caso eles forçassem a saída de Goulart do cargo, o governo norte-americano daria apoio ao novo governo que assumisse. A administração de Johnson chegou a organizar a Operação Brother Sam, que mandou porta-aviões, armas, suprimentos, para apoiar as tropas rebeldes caso uma guerra civil eclodisse.

No dia 31 de março, tropas marcharam no Rio de Janeiro para depor Goulart. No dia seguinte, o presidente voou do Rio de Janeiro para Brasília para mobilizar apoio político contra essa tomada ilegal do poder. Ele queria evitar o derramamento de sangue, então ele não convocou seus apoiadores a resistir ao golpe de Estado.

Assim que o avião decolou, o presidente do Senado e o presidente da Corte Suprema, argumentando que eles estavam seguindo os procedimentos constitucionais, empossaram Ranieri Mazzilli, presidente da Câmara dos Deputados, como presidente em exercício. De acordo com a Constituição, o Congresso tinha trinta dias para escolher um novo presidente. Hoje, todo mundo, exceto os que defendem a ditadura militar, chamam esses eventos de golpe de Estado, o golpe de 1964.

Em vários telegramas com a Casa Branca, o embaixador Gordon argumentou que o que se passou no Brasil cumpria perfeitamente os procedimentos legais constitucionais e respeitava totalmente as regras democráticas. Ele trabalhou duro para convencer o presidente Johnson a reconhecer o novo governo, o que foi feito no dia 2 de abril, legitimando o golpe e colocando o selo de aprovação do governo dos EUA nessa mudança ilegal de poder que foi implementada de acordo com "os procedimentos legais constitucionais".

No dia 11 de abril, os 295 membros do Congresso elegeram o general Castello Branco como presidente do Brasil. Isso completou a transição "democrática" de um governo legalmente eleito para uma ditadura militar ilegítima.

Imediatamente depois de reconhecer o governo de Mazzilli, no dia 3 de abril, o presidente Johnson chamou os líderes do Congresso para a Casa Branca, para convencê-los de que o governo dos EUA estava apoiando a democracia no Brasil. O senador democrata

Wayne Morse, de Oregon, deixou o encontro e declarou à imprensa: "Os acontecimentos no Brasil não resultaram da ação de uma junta militar ou de um golpe. Ao invés disso, a deposição da presidência do Brasil resultou de um desenvolvimento no qual o Congresso do Brasil, agindo sob a Constituição, foi a força condutora e foi reforçado por um grupo militar que garantiu a preservação do sistema constitucional brasileiro".

Em comentários para seus colegas senadores mais tarde, naquele mesmo ano, Morse reiterou suas conclusões: "Nesta noite, nenhum senador pode citar o Brasil como um exemplo de ditadura militar, porque ele não é. O autogoverno por parte do povo brasileiro continua prosseguindo. Se alguém pensa que não, deixe-o olhar o que está acontecendo no Brasil com o respeito ao intercâmbio de pontos de vista no Parlamento, na imprensa e em muitas fontes e forças da opinião pública".

Um ano depois, em outubro de 1965, quando o governo militar aboliu as eleições presidenciais, Morse chegou a uma conclusão diferente. Percebendo que as armadilhas do regime democrático eram só para manter as aparências, ele afirmou:

> Novidades da captura do poder ditatorial pela junta militar brasileira assinala uma reversão para a liberdade na América Latina. O que é ainda pior é a continuidade do apoio financeiro americano a esse regime [...]. As semânticas de Washington e da trama brasileira, buscando acalmar os receios pelas instituições democráticas naquela grande nação, não vão enganar qualquer um, mas aqueles que querem ser enganados.

Muitos que lutaram contra o regime militar e muitos outros que se lembram do regime autoritário ou que estudaram sobre ele têm sustentado que a manobra política em curso para expulsar o governo eleito democraticamente da Presidenta Dilma Rousseff é um outro golpe de Estado.

Você afirmou, vigorosamente, que "há um claro respeito pelas instituições democráticas e uma clara separação de poderes" no Brasil hoje. Mas será mesmo isso? Estaria você, como o senador Wayne Morse em 1964, talvez sendo enganado pelas aparências de procedimentos democráticos e separação de poderes no processo de impeachment porque não há tanques nas ruas e nem generais no comando do governo?

Como pode ter havido procedimento democrático na Câmara dos Deputados quando Eduardo Cunha, que controlava totalmente essa instituição, foi afastado do seu cargo um semana após a votação de admissão do processo do impeachment? Um pedido para seu afastamento dessa posição havia sido feito em dezembro do ano passado por desvio de finalidade e abuso de poder, mas o membro da Suprema Corte sentou sobre esse pedido até que Cunha tivesse garantido que a oposição teria os dois terços necessários para aprovar o seguimento do processo do impeachment da presidenta Dilma. Quantos congressistas Cunha e seus aliados compraram ou ganharam com suas promessas de um novo governo? Como um processo conduzido por uma pessoa que é processada por lavagem de dinheiro e por recebimento de suborno pode ser legitimado?

Como pode haver separação de poderes quando integrantes da Suprema Corte fazem afirmações públicas sobre casos que estão sob sua alçada, revelando suas opiniões políticas na mídia, prejulgando casos e, com isso, influenciando o debate público e os atores políticos? Além disso, a Suprema Corte tem sido excessivamente arbitrária em decidir quais casos analisar, levando quase seis meses para julgar o afastamento de Eduardo Cunha e proferindo uma decisão veloz contra a indicação de Lula para um cargo no governo Dilma. Esses casos são exemplos, entre tantos outros, das maneiras perversas como o Judiciário se enredou com a política, ao invés de permanecer separado dela.

Como você pode dizer que houve procedimentos democráticos quando agentes da polícia e do sistema de Justiça vazam seletivamente informações da Operação Lava Jato para criar um clima hostil ao governo e aos seus aliados? Por que era um desvio de finalidade (sob alegação de que ele estaria supostamente esquivando-se das investigações) a presidenta Dilma nomear o ex-presidente Lula como seu ministro da Casa Civil, quando o presidente interino, Michel Temer, indicou sete pessoas sob investigação para ministérios? Não estaria ele abusando do seu poder em um esforço para proteger seus aliados?

Por que a presidenta Rousseff está sendo acusada de violação à Lei de Responsabilidade Fiscal pela prática de pedaladas, sendo que o presidente interino, Michel Temer, fez exatamente a mesma coisa enquanto substituía a presidenta em viagens desta? E os antecessores, presidentes Lula e Cardoso, que também praticaram atos semelhantes, para não falar de pelo menos 16 governadores, incluindo Aécio Neves, que também fizeram as pedaladas?

Você também falhou em assinalar no seu discurso outra deficiência na situação política atual do Brasil, ou seja, a liberdade de imprensa (e das mídias de massa em geral) apenas para os que são proprietários delas. Hoje, as forças conservadoras que controlam os maiores jornais, revistas e canais de televisão sistematicamente apresentam visões parciais dos acontecimentos apenas para influenciar a opinião pública. É como se a Fox New pudesse controlar todos os canais da grande mídia dos EUA. Felizmente, as mídias sociais estão servindo como uma fonte alternativa de informação, mas elas não têm o mesmo peso da mídia hegemônica.

A primeira semana do novo governo revelou uma agenda radicalmente nova, mas verdadeiramente antiga, para o Brasil, que pretende retroceder todos os avanços sociais que tiveram lugar nos últimos 30 anos desde o fim da ditadura. Aqueles que se sentiram ultrajados pelo fato de Michel Temer não ter indicado nenhum mulher ou pessoa negra para posições ministeriais não estão clamando por demagogia. Esse ato não é trapalhada de relações públicas.

Isso simboliza a intenção desse governo. Temer culpou seus aliados por não indicarem nomes de mulheres e negros, em um esforço para se eximir da responsabilidade. Ao menos seus comentários falam alto sobre a natureza dos seus aliados que o levaram ao poder e sobre a natureza desse novo governo "democrático". Na primeira semana de sua gestão, ele já anunciou que vai reduzir direitos sociais, com cortes no sistema de seguridade social, educação e moradia, que afetam largamente os setores mais pobres da sociedade brasileira.

Em 1964, o governo dos EUA estava no lado errado da história. Ele nunca pediu desculpas para o povo brasileiro por ter apoiado uma ditadura militar. Agora, cinco décadas depois, eu receio que, mais uma vez, ele esteja endossando um processo ilegítimo. Aqueles que não aprendem com a história são levados a repeti-la.

Respeitosamente,

James N. Green
Carlos Manuel de Céspedes Chair in
Latin American History, Brown University
Director of the Brown-Brazil Initiative

BRASIL: VIRANDO AS COSTAS AO FUTURO

James N. Green e Renan Quinalha,
22/05/2016[1]

Os brasileiros adoram citar o título do famoso livro *Brasil: o país do futuro*, escrito em 1941 pelo exilado austríaco Stefan Zweig, e depois, cinicamente, acrescentar "e assim será para sempre". Inevitavelmente, alguém poderá então concordar e apontar que Antônio Carlos Jobim, um dos criadores da Bossa Nova, uma vez observou: "O Brasil não é para principantes". Se a primeira observação depreciativa sobre o destino do Brasil pode ser ou não questionada, o comentário de Jobim é certamente verdadeiro neste momento. Para muitos leigos, o atual processo de impeachment contra a presidenta Dilma Rousseff simplesmente desafia qualquer compreensão fácil.

As origens da crise remontam ao golpe militar de 1964. No meio da Guerra Fria, uma coalizão de generais, da hierarquia católica, empresários e a Embaixada dos EUA, com apoio de amplos segmentos das classes médias, conspiraram para derrubar o governo de esquerda moderada democraticamente eleito (e alegadamente corrupto) de João Goulart. A democracia foi violada e 21 anos de regime autoritário se seguiram. Nenhum caso relevante de corrupção foi encontrado.

Entre aqueles que resistiram à ditadura militar estava Dilma Rousseff, uma jovem estudante de Economia que se juntou a uma organização revolucionária, entrou para a vida clandestina, foi presa, torturada e permaneceu na prisão por três anos. Muitos anos

---

[1] Publicado originalmente em inglês no site de notícias israelense YNET.

depois, ela se tornou ministra das Minas e Energia e, depois, presidenta do país.

Seu fiador político foi o ex-operário eleito presidente por dois mandatos – Luiz Inácio Lula da Silva. Lula desempenhou um papel importante nas mobilizações contra o regime militar no final dos anos 1970. Como líder sindical, ele desafiou as políticas econômicas e laborais da ditadura. Ele fundou o Partido dos Trabalhadores, que cresceu em força e em prestígio ao longo dos anos 1980 e 90, como um partido que defendeu de maneira militante a classe trabalhadora e as populações marginalizadas do país. Depois de três tentativas frustradas de disputa da presidência, ele abandonou o discurso socialista radical do Partido dos Trabalhadores e se comprometeu a levar a cabo um programa social-democrata moderado, sem desafiar o capitalismo. Em 2002, em sua quarta tentativa, ele finalmente venceu a disputa para a presidência com 61,3% dos votos.

Lula prometeu expandir programas sociais para os pobres, enquanto aumentava o peso internacional do Brasil. Estimulado por um ambiente econômico favorável, especialmente pela demanda da China por *commodities* minerais e agrícolas, o país viveu um *boom*. A pobreza diminuiu, o desemprego caiu e os salários subiram acentuadamente. A oferta exitosa do Brasil para sediar a Copa do Mundo de 2014, e depois os Jogos Olímpicos de 2016, reforçou sua popularidade.

Lula, no entanto, enfrentou um problema sério. Ele não tinha uma maioria no Congresso e precisou costurar uma coalizão precária entre os 30 partidos políticos existentes no Brasil para conseguir a governabilidade. No terceiro ano do mandato, aliados descontentes revelaram um complexo esquema operado por aqueles em torno do presidente para assegurar a estabilidade dessa coalizão. Conhecido como "escândalo do mensalão", assessores e líderes do Partido dos Trabalhadores acabaram na cadeia, ainda que as investigações não tivessem encontrado envolvimento direto de Lula. Contudo, a reputação da esquerda foi abalada e o partido que representou a democracia de base e a justiça social não podia mais reivindicar o elevado patamar de incorruptibilidade. Ainda assim, Lula foi reeleito para um segundo mandato e deixou o cargo em 2010 como o presidente mais popular da história brasileira.

Dilma Rousseff, sua sucessora escolhida a dedo, foi uma opção arriscada. Ela nunca tinha concorrido a um cargo eletivo e era conhecida por seu foco nos assuntos técnicos mais do que por seu engajamento nas negociações essenciais para as coalizões políticas. No entanto, concorrendo com base na plataforma de inclusão social de Lula, ela derrotou a coalizão de centro-direita com 56% dos votos. Sua popularidade oscilou em torno de 60% nos primeiros três anos do seu mandato.

O Brasil tinha conseguido contornar a recessão mundial de 2008 por contar com uma economia doméstica diversificada e com significativas demandas de exportação. Mas, em 2012, a economia tinha arrefecido e o desemprego voltou. Apesar dos programas sociais populares e bem-sucedidos, como os pagamentos mensais do Bolsa Família para famílias pobres com crianças na escola, a desilusão aumentou com a dissonância entre as projeções otimistas do governo de um país cada vez mais próspero e socialmente inclusivo e a dura realidade de deficiências graves em educação pública, saúde e transporte.

Em junho de 2013, manifestações de estudantes em São Paulo contra um aumento de 20 centavos em tarifas de ônibus acabou provocando mobilizações massivas em todo o país, exigindo a melhoria dos serviços sociais e um fim à corrupção do governo, ao criticar, por exemplo, as prioridades equivocadas na construção de megaestádios para Copa do Mundo de 2014. "Não é apenas por 20 centavos, é por 500 anos", uma faixa proclamava, apontando para a frustração tanto com a histórica exclusão social e econômica como com as recentes promessas democráticas e sociais não atendidas.

E então setores de centro-direita entraram na briga, percebendo que essas mobilizações eram também uma brecha para a crítica mais ampla ao domínio da política nacional do Partido dos Trabalhadores. Em uma estreita disputa na eleição presidencial de 2014 por seu segundo mandato, Rousseff venceu com uma margem de apenas 3,3% à frente do candidato de centro-direita, mas amealhando uma bolada de 54 milhões de votos. Indignados com a derrota eleitoral, os partidos de oposição questionaram, pela primeira vez, os resultados e, em seguida, começaram a mobilizar as ruas, pedindo o impeachment de Rousseff. As mensagens presidenciais transmitidas pelas redes de televisão foram recebidas por um bater de panelas ruidoso em todo o país.

Ao mesmo tempo, as investigações em curso conhecidas como Operação Lava Jato, lideradas por Sérgio Moro, um ambicioso juiz federal, descobriu grandes esquemas de pagamento de propinas e contribuições ilegais de campanha por meio de contratos com a Petrobras, a companhia estatal de petróleo, sobretudo por empreiteiros de construção para os políticos que formavam a coalizão de sustentação de Dilma. As revelações constantes, alimentadas por gigantes da mídia com sentimentos de direita e antigoverno, mancharam a reputação do governo de Dilma ainda mais, embora ela pessoalmente não tenha sido implicada em nenhum dos escândalos.

Enfraquecido por uma economia de naufrágio, o golpe fatal para o governo Rousseff veio quando o Partido dos Trabalhadores apoiou uma investigação na Comissão de Ética da Câmara Federal contra Eduardo Cunha, então presidente da casa. Acusado de acumular US$ 5 milhões em subornos coletados em contas bancárias suíças, Cunha passou meses manobrando para escapar de punição. Sentindo-se traído por seu parceiro de coligação, de repente ele deu andamento ao impeachment de Rousseff na Câmara, basicamente com fundamento em atrasos administrativos de pagamento pelo governo de empréstimos contraídos em bancos públicos. Ironicamente, a metade dos membros da comissão que autorizou o impeachment contra Rousseff estão atualmente sendo investigados por corrupção. Muitos, no Brasil, consideram que as acusações têm um estatuto legal fraco e são um pretexto frágil para remover do cargo uma presidenta democraticamente eleita. Para alguns, o movimento parece uma repetição de manobras do passado para derrubar governos brasileiros quando as elites políticas e econômicas ou os militares estavam insatisfeitos com o regime. Felizmente, para o momento, as Forças Armadas parecem não estar dispostas a intervir.

Em 1963, o presidente Charles De Gaulle foi acusado de ter brincado: "O Brasil não é um país sério", embora essa declaração tenha sido realmente proferida pelo diplomata brasileiro Carlos Alves de Souza Filho. No entanto, o processo de impeachment na Câmara dos Deputados parece provar que De Gaulle (ou Alves de Souza Filho) estava certo. À medida que se aproximavam do microfone para declarar seus votos, poucos deputados mencionaram as acusações reais sobre a questão orçamentária e fiscal. Em vez disso, eles criticaram o governo Rousseff por alegada corrupção, enquanto Cunha, acusado de lavagem de dinheiro, calmamente presidia a sessão. Um por um, eles dedicaram o seu voto contra a presidenta à mãe, à esposa, aos filhos, ao Todo-Poderoso, aos corretores de seguros do Brasil ou, em um caso escandaloso de um congressista de direita, ao golpe militar de 1964 e ao oficial militar que supervisionou a tortura da presidenta Rousseff quando presa no início de 1970.

O resultado final desse comportamento indecoroso e circense foi uma votação de 367 contra 137 para enviar o processo ao Senado, cuja Comissão Especial de impeachment oportunamente emitiu um relatório semelhante. Enquanto audiências estavam a ser realizadas no Senado, a Suprema Corte, em um gesto inesperado, de repente afastou Cunha da presidência da Câmara dos Deputados. Os céticos argumentaram que o Supremo Tribunal Federal afastou Cunha porque as acusações de corrupção contra ele foram manchando a imagem do processo de impeachment. Afinal de contas, o caso contra Cunha tinha sido apresentado à Corte meses antes do início do processo de impeachment. Sendo figura bastante impopular, parece que uma vez que o trabalho de Cunha fora feito, ele poderia ser convenientemente deixado de lado.

Em 12 de maio, a maioria do Senado votou para afastar temporariamente Rousseff do cargo por até 180 dias, enquanto dura o julgamento. Após o período, espera-se que os necessários dois terços do total de senadores votem a favor do impeachment, removendo-a definitivamente do cargo. Entretanto eu, como um observador de longo prazo do Brasil, tenho aprendido que é perigoso fazer previsões definitivas sobre qualquer coisa na política brasileira.

Michel Temer, vice-presidente de Dilma e parceiro de coligação, é presidente interino enquanto ela está sendo julgada no Senado. Ele já anunciou um programa político e econômico que espelha o programa da oposição de Rousseff. O *slogan* de seu governo é "Ponte para o futuro".

Temer foi recentemente considerado culpado de irregularidades eleitorais e provavelmente será impedido de concorrer a um cargo pelos próximos oito anos, então seu próprio futuro político parece ter uma vida curta. Pelo menos cinco de seus ministros recém-nomeados são supostamente envolvidos em escândalos de corrupção. E, em um ato que foi amplamente e negativamente observado pela imprensa internacional, ele não nomeou uma única mulher ou pessoa não branca para um posto ministerial. Em um país em que as mulheres e os não brancos são a maioria, tal decisão parecia mais com um olhar para o passado do que para o futuro.

O maior desafio de Temer é manter seu governo estável e consertar a economia, sendo que ambos serão desafios hercúleos. Não é claro ainda se ele poderá manter uma coalizão eleitoral sem fazer a mesma negociação por cargos no governo que enfraqueceu o poder de Rousseff. Quem vai ganhar as eleições presidenciais previstas para 2018 é agora uma grande incógnita.

A DEMOCRACIA MÍNIMA E O RISCO DA CRISE BRASILEIRA

Luiz Fernando Horta,
17/05/2016[1]

Adam Przeworski é um dos grandes nomes da Ciência Política na atualidade. Nascido em 1940 em Varsóvia, Przeworski é atualmente professor da Universidade de Chicago e tem uma impressionante base de dados empíricos (aberta na internet) oriunda de décadas de pesquisas sobre governos e democracia. A partir dessas evidências, o politólogo polonês tem sistematicamente atacado os conceitos "éticos" de democracia. Democracia não garante, por exemplo, um governo mais capaz de tomar atitudes acertadas. Democracia, por si só, não garante governos mais responsivos aos interesses da população. O ato de se escolher um governante por meio de um sufrágio não garante nenhuma característica virtuosa a esse governante eleito. Para isso, a Ciência Política tem criado inúmeros outros conceitos, como "deliberação", "participação", "*accountability*" etc., na esperança de que esse conjunto de teorias, práticas e saberes nos indique um caminho em que a política possa encontrar formas de tomar decisões favoráveis aos cidadãos, mesmo que esta seja operada por agentes completamente vis. O ponto essencial é que, no caso de termos políticos capazes, honestos e comprometidos com a coletividade, parece evidente que o governo produzido por tais políticos seja meritório e atenda aos interesses dos cidadãos. O problema é que não há como garantir a existência e mesmo a continuidade de tais políticos no exercício do poder. Assim, os sistemas

---

[1] Versão original publicada em *O Estado de S. Paulo* (Estadão Noite, Ciência Política).

políticos têm que ser tais que permitam que mesmo em situações adversas, com o poder exercido por agentes totalmente individualistas, argentários e inescrupulosos, se possa chegar a boas decisões ou, ao menos, bloquear e punir intenções e ações dos mandatários que firam esse modelo ótimo de organização política.

As pesquisas, entretanto, têm demonstrado que estamos longe de alcançar esse sistema. Democracia não implica a submissão dos escolhidos às opiniões dos eleitores. A democracia não implica numa "melhor" maneira de escolha – existem outras formas que apresentam também bons resultados. Neste ponto surge, inevitavelmente, a pergunta: o que faz então da democracia o melhor sistema de escolha de governos? Afora as respostas normativas, aquelas que dizem como a democracia deveria ser (e não como ela é), temos muito pouco de certeza. Mas esse pouco é muito! De Schumpeter a Dahl, temos um leque de teorias que apontam para a democracia se, e somente se, um ou mais critérios estejam preexistentes. Dahl fala em todo um sistema de pré-requisitos de participação e oposição que precisam ser cumpridos para que determinados sistemas se aproximem do ideal democrático. Schumpeter elenca uma série de valores que precisam estar presentes nas sociedades e nos indivíduos. Assim caminhou a teoria por muito tempo. Sempre se apunham novos condicionantes para certificar ou retirar o termo "democracia" do governo A ou B. Muitas vezes (senão sempre) isso era feito com objetivos políticos maiores. Assim, sem serem "democracias", países não poderiam pleitear ajuda financeira de determinados órgãos internacionais. Se não fossem "democracias", a possibilidade de ingerência internacional em assuntos internos aumentava muito, especialmente a partir dos anos 1990. E o conceito de democracia virou muito mais uma arma de disputa política do que uma ferramenta teórico-metodológica de entendimento da realidade ou mesmo de construção dela.

Pouco, efetivamente, se avançava. Eis que a cada nova pesquisa sobre o tema, mais condicionantes eram adicionados ao conceito de democracia e mais críticas se faziam aos termos conceituais anteriores. Nessa situação, Adam Przeworski, em meados dos anos 1990, apresentou uma noção de democracia em termos mínimos. Ao contrário do caminho que vinha sendo trilhado, inchando-se o conceito de democracia de uma série de condicionantes, pré-requisitos etc., o professor da Universidade de Chicago lembrou que o processo democrático em si representa um indicador seguro do tamanho das clivagens sociais existentes em determinado país. A eleição emula um confronto físico, mas com a vantagem de se evitar derramamentos de sangue. Através da eleição, o lado com maior número mostra-se com direito a governar. Poder-se-ia dizer, hoje, que essa é uma interpretação reducionista, e é exatamente essa a sua virtude.

Existem, entretanto, duas regras importantes a serem observadas aqui para evitar um permanente estado de guerra civil com maiorias e minorias se massacrando fisicamente pelo país: (1) o direito de votar se liga ontologicamente com a obrigação de aceitar o resultado das urnas; e (2) os limites do poder do lado vencedor estão circunscritos a um pacto estabelecido *ex ante* chamado "Constituição". Assim, a Constituição é derivada e não preceptora da democracia. A Constituição é o que nos defende, enquanto cidadãos individuais ou enquanto minoria, do extermínio físico (ou de direitos básicos) que uma maioria pérfida tente realizar. Não existe pacto legal, legitimidade de Estado, de função, de regra ou de decisão que sobreviva ao desmantelamento da democracia. Com a inobservância da regra da escolha sobrevém apenas a violência decorrente dessa quebra. Não há argumento lógico ou racional que permita o uso da coerção de Estado para impor o cumprimento da lei A ou da decisão B se, por inação ou mesmo decisão aberta, se desrespeita o pacto germinal de todo o estado de democrático de direito. Qualquer tentativa de impor coercitivamente decisões de grupos minoritários, tomando como letra morta os processos de escolha de governantes, encerra tal Estado firmemente na condição de autoritário e, pelo conceito de democracia mínima de Przeworski, nos faria cair nos embates físicos que de forma branda tem-se chamado de 'convulsão social'.

Mais longe ainda vai a teoria ao afirmar que todo pacto existente entre os homens não visa a eliminação das tensões ou das diferenças de opinião. Eleições regulares, com sufrágio universal, ocorridas em igualdade de condições, sob o sistema presidencialista, desaguam num ente sociopolítico chamado de "mandato". E é precisamente esse mandato que garante ao lado perdedor tanto o direito de não ser violentado por não ser (ainda) governo, quanto a fundada crença de que, findo o tempo acordado no mandato, a hoje minoria poderá transformar-se em maioria e governar. Dentro dos mesmos espaços e das mesmas regras. Transforma-se, assim, a coerção pura numa variante do princípio da reciprocidade, e as Ciências Humanas estão cansadas de demonstrar que a legitimidade por coerção é pífia e curta.

Há que se pensar, na atual crise brasileira, no conceito de democracia mínima. Não apenas para medir a legitimidade do governo Temer. É preciso pensar no conceito de democracia mínima e como ele iluminará os próximos sufrágios do país. O afastamento da presidenta não é um precedente pequeno e casual como, infelizmente, a votação no Congresso fez parecer ao país. Não se trata de afastar uma presidenta acusando-a de ser impopular, de não ter apoio ou ter cometido infração A ou B. Trata-se de pensar nos laços que forjam a nossa sociedade a partir do dia seguinte e pelos próximos vinte ou trinta anos, todos os dias. O país certamente sobreviverá à crise econômica que estamos amargamente experimentando. Lembrando que ela é tanto mais amarga quanto doces foram os anos anteriores. Não creio, contudo, que o país sobreviva ao rompimento do pacto democrático fundante existente entre nós, conquistado e construído com sangue, mas também com deliberações e conchavos nos últimos trinta anos. O que sustenta o nosso Estado não são as togas, os papéis constitucionais ou as armas. O que sustenta o nosso Estado é o pacto mínimo de que o grupo majoritário governará por quatro anos respeitando os limites constitucionais, quando, então, ele poderá se tornar minoria e ser governado pelo mesmo tempo sob as mesmas regras. Qualquer violência a isso é uma violência civilizacional inominável e produzirá efeitos históricos desagregadores e mesmo impeditivos de novos pactos sociais.

"PENSAMENTO BRASILEIRO" NA ENCRUZILHADA

Henrique Espada Lima,
31/05/2016[1]

As observações a seguir nascem em especial do confronto com os fatos presentes na vida e no noticiário no Brasil dos últimos meses, com o modo como foram e são divulgados e narrados não apenas pela mídia corporativa, mas também por vários comentadores – mais ou menos qualificados – que se aventuraram a interpretá-los. Minha insatisfação e desconfiança com relação a uns e outros, como se verá, é inseparável das minhas preocupações como historiador, professor e cidadão.

Se há algo (ou muito) de reação imediata à encruzilhada política e social que se apresenta – e de recusa a alguns dos desdobramentos práticos repugnantes que parecem, no momento em que se escreve, muito prováveis de acontecer –, as ideias que seguem são também mediadas por uma reflexão mais prolongada e, portanto, mais densa sobre temas correlatos na reflexão sobre a história e sobre as formas de interpretá-la.

Em tempos mais próximos, a leitura de um livro recente de Jessé Souza e o concomitante acompanhamento do noticiário ajudaram a dar uma forma mais inteligível à reflexão. No intitulado *A tolice da inteligência brasileira*, Souza retoma uma crítica que vem elaborando já há algum tempo aos modelos interpretativos consagrados sobre o Brasil, de Gilberto Freyre e Sérgio Buarque de Ho-

---

[1] Texto adaptado da apresentação na jornada "Cidadania, soberania e democracia no Brasil: avanços e recuos em perspectiva histórica", realizada na Universidade Federal de Santa Catarina no dia 31 de maio de 2016.

landa, passando por Raimundo Faoro até Roberto da Matta e outros.[2] Eu gostaria de retomar um pouco aqui o argumento de Jessé Souza, e talvez acrescentar algumas coisas. Não se trata, portanto, de uma reflexão original – ainda que, de certo modo, eu acredite que minhas próprias considerações sobre a sociedade brasileira do século XIX me tenham ajudado a compreender melhor as limitações intelectuais e os perigos políticos intrínsecos à certas reflexões generalizantes sobre o Brasil que parecem constituir a espinha dorsal – assim como o pressuposto nunca examinado – de muitas das matrizes explicativas presentes na reflexão dos historiadores e cientistas sociais sobre o país.

Antes de chegar a essa discussão, entretanto, eu gostaria de fazer algumas ponderações prévias sobre a situação contemporânea e sobre o modo como a construção da sua interpretação ecoa questões importantes acerca da forma como raciocinamos historicamente.

Um dos temas recorrentes sobre o golpe parlamentar hoje em curso no Brasil diz respeito à luta pela narrativa do que está acontecendo. Entre os vários campos de disputa em que se articulam as diversas forças políticas e sujeitos sociais que tentam dar uma direção aos acontecimentos, um campo privilegiado é certamente aquele que nomina e dá inteligibilidade aos fatos à medida que eles ocorrem. Não é a à toa que a luta por essa narrativa é essencial na ação e no discurso de defesa do governo interino e da plataforma ideológica que representa. Exemplos da construção desse discurso são facilmente identificados nas páginas da imprensa corporativa em primeiro lugar, mas também nas falas dos ministros mais importantes do governo interino – Henrique Meirelles na Fazenda e José Serra nas Relações Exteriores. Pelo outro lado, encontramos um contradiscurso voltado a denunciar o caráter mistificador dessa narrativa, igualmente presente no discurso e na prática dos muitos

---

[2] SOUZA, Jessé. *A tolice da inteligência brasileira*: ou como o país se deixa manipular pela elite. São Paulo: LeYa, 2015.

e diversos atores que – por motivos nem sempre coincidentes – têm em comum a recusa do golpe parlamentar e de suas consequências.

Podemos imaginar que os fatos deveriam ser imediatamente reconhecíveis como tais e que a verdade do golpe parlamentar em curso deveria se impor em toda a sua materialidade a qualquer observador. Parece-me que isso é só parcialmente verdade. Como argumentou Michel-Rolph Trouillot ao discutir o exemplo da Revolução Haitiana, há uma solidariedade intrínseca entre o fato, o acontecimento e a forma como ele é lido e interpretado e se transforma em narrativa histórica.[3] Fato e narrativa, muito frequentemente, nascem em paralelo e têm vidas profundamente relacionadas. Isso é particularmente verdade em processos como os que estamos atualmente vivendo, em que a interpretação sobre o que está acontecendo, sobre as motivações dos atores sociais envolvidos, sobre a seleção e a própria natureza dos fatos que informam e dão forma à narrativa estão em disputa.

Essa disputa pela narrativa se desdobra em várias frentes, como se verá:

- Está presente na seleção dos fatos tornados públicos, pela imprensa, pelas mídias sociais, pelos juízes e promotores, pelos informantes voluntários (os sujeitos das "delações premiadas"), pelos informantes aparentemente involuntários (os protagonistas dos "vazamentos").
- Está presente no modo como os fatos são apresentados: há fatos repetidos à exaustão, como se sua própria repetição afirmasse sua importância central na narrativa; assim como há aqueles fatos convenientemente esquecidos.
- Está presente no vocabulário com que se descrevem os fatos selecionados ("corrupção", "crime de responsabilidade", "pedaladas", "delação", "golpe" etc.) e mesmo o modo como se descreve o comportamento ou o caráter

---

[3] TROUILLOT, Michel-Rolph. *Silencing the past*: power and the production of History. Beacon Press, 1995.

dos atores – principais ou coadjuvantes – da trama ("desequilibrada", "bela, recatada e do lar" etc.).
- Está obviamente presente nas interpretações oferecidas, em que cada uma dessas operações de nomeação e de construção de enredo, ao mesmo tempo que produzem uma narrativa geral sobre o que está acontecendo, intervém diretamente no seu resultado empírico.

Desse modo, explica-se por que o resultado da disputa pela narrativa do acontecimento é tão importante: não tem apenas efeitos subjetivos, mas produz resultados imediatos sobre a realidade, ao mesmo tempo que desenha e redesenha os seus desdobramentos futuros, ajudando a construir o horizonte de expectativas dos atores sociais e informando suas ações no presente. Porque é exatamente o futuro que está em disputa aqui: os caminhos possíveis para além dos acontecimentos atuais, e que se desdobrarão tanto na vida política do país quanto na vida cotidiana dos seus habitantes nos dias, meses e anos que virão.

Enfatizar a importância da narrativa na construção dos acontecimentos que estamos vivendo não significa aderir a um tipo de ceticismo construtivista que acredita que não existe realidade fora do texto e do "enredo" e que é impossível ir além da retórica. Ao contrário, eu acho que se nós quisermos construir uma narrativa mais de acordo com a realidade, uma narrativa capaz de se sustentar para além do barulho ideológico ensurdecedor que está ao nosso redor, precisamos nos instrumentalizar melhor para compreender o quanto essa disputa pela narrativa traduz de modo eloquente o jogo de forças muito real e palpável que estamos vivendo. Compreender a natureza do jogo e os seus instrumentos pode e deve nos ajudar a navegar essa tempestade contínua de "fatos" (e "versões"), e talvez possa nos ajudar a influenciar as regras do jogo, bem como seu desfecho.

Bem, espero ter feito um argumento convincente aqui sobre o papel da disputa pela narrativa neste momento. Mas eu gostaria de expandir esse argumento, chamando a atenção para um outro nível de interpretação dos fatos que vivenciamos, e que está ligada a um nível mais profundo de inteligibilidade. Aceitando a provocação de Jessé Souza, sobre o papel dos intelectuais e do pensamento crítico para fornecer o quadro interpretativo geral em que nós damos sentido ao que ocorre à nossa volta, acho que vale a pena revisitar o papel que as interpretações consagradas sobre o Brasil – e, de certo modo, sobre a especificidade latino-americana em geral – desempenham na leitura deformada que se faz da realidade presente.

Vou rapidamente lembrar o argumento de Jessé Souza: no seu livro, ele revisita uma longa tradição da sociologia brasileira que, desde Gilberto Freyre, procura compreender a especificidade da civilização brasileira à luz do que julgava ser suas características fundadoras e estruturais, que marcariam não apenas nossa forma coletiva de ver e se mover no mundo, mas também estaria na origem de nossas mazelas intrínsecas e em nossos possíveis sucessos. Souza aponta ainda o quanto a formulação de Sérgio Buarque de Holanda sobre o "homem cordial" brasileiro levava adiante alguns dos pressupostos de Freyre, dando sua marca específica à discussão sobre o Brasil. Souza chama a atenção ainda para alguns dos desdobramentos mais contemporâneos dessas interpretações – como nas obras de Raimundo Faoro e, mais recentemente, do antropólogo Roberto da Matta.[4]

O argumento de Souza é longo e mais rico do que o resumo que faço aqui deixa entrever, e sugiro a leitura direta do seu livro e outros trabalhos em que ele desenvolve essa discussão. Vou me deter, portanto, nos aspectos que me parecem fundamentais no seu argumento.

---

4 Sobre este último autor, ver também SOUZA, Jessé. A sociologia dual de Roberto da Matta: descobrindo nossos mistérios ou sistematizando nossos autoenganos? *Revista Brasileira de Ciências Sociais*, v. 16, n. 45, p. 47-67, fev. 2001.

O primeiro é sobre o elemento comum que parece presente nas várias e distintas interpretações sobre o Brasil que discute. Ou, mais precisamente, sobre as interpretações do "caráter nacional brasileiro" – para usarmos a expressão utilizada pelo psicólogo social Dante Moreira Leite, no seu livro, bem menos lido hoje do que merece, com o mesmo título.[5] Nas suas várias vertentes, todas as grandes interpretações canônicas sobre o Brasil compartilhariam a mesma pergunta: o que há, na sua história, na sua formação cultural, nas suas estruturas econômicas e sociais, que explica o seu *atraso* e a sua incapacidade de desenvolver valores e instituições *modernas*, como aquelas que se desenvolveram nos países europeus e do Atlântico norte?

Essa noção de "atraso" é central aqui, como se pode imaginar. A pergunta sociológica passa a ser sobre o que *falta* na sociedade brasileira, quais as suas deficiências intrínsecas que deveriam ser superadas para que ela pudesse compartilhar isso que seriam as características intrínsecas de uma sociedade moderna, supostamente definida pela democracia representativa funcional, a impessoalidade, a racionalidade institucional, e o capitalismo de mercado.

Em oposição a essa modernidade *normativa*, a realidade brasileira (e latino-americana) seria dominada pelo atraso político, econômico e institucional. Sua incapacidade de superar o personalismo e o paternalismo, sua incapacidade de se livrar das formas de dependência pessoal remanescentes de formas anteriores de organização social (o escravismo, o pré-capitalismo) tornariam o país incapaz de desenvolver os *habitus*, os valores de uma sociedade realmente moderna.

Jessé Souza faz uma crítica minuciosa das várias vertentes desse pensamento sociológico brasileiro. Um dos seus argumentos mais importantes é o de que todas estas vertentes compartilham o que ele identifica como uma leitura seletiva e rasa da famosa tese de

---

5   LEITE, Dante Moreira. *O caráter nacional brasileiro*. 6. ed. São Paulo: Unesp. 2002.

Max Weber sobre a racionalidade moderna do capitalismo. Trocando em miúdos, o que diz Souza é que os sociólogos brasileiros que tentaram refletir sobre as *deficiências intrínsecas* da sociedade brasileira faziam isso a partir de uma noção completamente fantasiosa sobre o que caracterizaria de fato as "modernas" sociedades e economias do norte. Ao imaginar que as democracias liberais do norte seriam de fato regimes caracterizados pela racionalidade intrínseca, a sociologia brasileira caiu na armadilha da autoimagem produzida por essas sociedades para justificarem sua primazia colonial. Em contrapartida, a *inteligentsia* brasileira acabou produzindo e reproduzindo uma interpretação sobre o Brasil que sistematicamente ignora tanto a dimensão institucional quanto a dimensão histórica que ajudariam a compreender melhor por que o país se produziu, reproduziu e continua se reproduzindo com uma sociedade profundamente desigual e hierárquica.

Não se trata, como se pode ver, de uma espécie de celebração acrítica da "modernidade alternativa" brasileira *versus* a modernidade normativa do Atlântico norte. É, antes, a chamada para uma crítica profunda da sociedade brasileira a partir de pressupostos empírica e historicamente mais sólidos.

É, portanto, uma chamada de atenção à carência crítica do pensamento sociológico brasileiro e à sua falta de rigor. Na crítica de Jessé Souza – e é muito difícil não concordar com ele –, a investigação sistemática e rigorosa das mediações reais que permitem a produção e reprodução da sociedade brasileira tal qual a conhecemos é substituída por uma explicação mágica, que confere às supostas características intrínsecas do "Brasil" dos "brasileiros" as suas mazelas. Essas características intrínsecas são definidas em termos "culturalistas" e estruturais, atribuindo à incapacidade moral intrínseca do povo – seja por sua herança lusa, seja pela herança da escravidão e da irracionalidade intrínseca à sua pobreza material e cultural – a permanência de uma sociedade desigual, mas sobretudo irracional, paternalista e corrupta (como na famosa fórmula do "jeitinho" e do "você sabe com quem está falando?", como aparecem nos textos de Roberto da Matta, por exemplo).

A noção de "corrupção" é uma dessas que carrega consigo esse formulaísmo culturalista de forma mais intensa: ao tornar os problemas brasileiros antes de tudo problemas *morais*, ignora sistematicamente as dinâmicas institucionais e ignora de modo intenso tudo o que diz respeito às enormes discrepâncias de poder que existem na sociedade (ignora, portanto, a *política*), deixando de lado quase completamente, também, a dimensão fortemente conflitual – nos termos mesmo da luta de classes – que define essa sociedade.

Jessé acusa a *inteligentsia* brasileira de transformar aquilo que ele chama de uma "sociologia espontânea" – a ideia pervasiva de que o "caráter" brasileiro seria formado por uma carência intrínseca, dividida igualmente por todos, independentemente de sua classe social e do seu acesso desigual aos bens materiais e simbólicos da sociedade. Poderíamos acrescentar que, além de ser cega para as divisões de classe, ao ignorar a história social e política da sociedade brasileira, essa narrativa – ou modelo interpretativo – também reproduz estereótipos racistas, imaginando – mesmo que implicitamente – que o único caminho para sua redenção passaria por sua submissão aos modelos (de resto, mais imaginados que reais) de sociedade e economia do mundo norte-atlântico branco.

Acho que uma das características mais impressionantes dessa narrativa é sua onipresença na discussão sobre o que acontece no Brasil hoje. É tão onipresente que mesmo parte da crítica de esquerda a reproduz. Eu gostaria de argumentar que essa narrativa – uma narrativa que muitas vezes está presente também como pano de fundo de muitos trabalhos dos historiadores – precisa ser seriamente revista, não apenas para sermos capazes de fazer um trabalho melhor em compreender criticamente o que está acontecendo no país, mas também para podermos pensar em estratégias políticas capazes de construir um novo futuro.

Parece que muito da análise do que está acontecendo no Brasil e as soluções que se parece querer imaginar para a sua superação compartilham, em última instância, dos pressupostos dessa narrativa sobre o Brasil. Ignoram a dinâmica institucional e histórica que reproduz suas contradições mais profundas e apostam na solução mágica de uma submissão acrítica a fórmulas supostamente apolíticas que fariam com que o Brasil cumprisse sua "lição de casa" e abraçasse sem crítica a modernidade do livre mercado.

Poderia continuar com essa discussão, mas gostaria de concluir, provisoriamente, dizendo que essas imagens de "atraso" e "subdesenvolvimento" não foram apenas utilizadas para pensar o Brasil. Elas são comuns à sociologia espontânea da América Latina e do mundo colonial em geral. Talvez "sociologia espontânea" não seja uma categoria muito precisa. Na verdade, ela é até mesmo enganosa. Não é espontânea no sentido de produzir-se a partir do nada: ela é resultado da vitória intelectual de uma ideologia colonial que o próprio pensamento social brasileiro apenas começa a efetivamente superar. Seria bom mesmo que conseguíssemos isso: parece-me um passo fundamental, ainda que insuficiente, para começarmos a pensar o Brasil e seus muitos problemas não mais a partir daquilo que falta para coincidirmos com um mundo supostamente racional do capitalismo "normativo" (um mundo que não existe nem existiu em nenhum lugar fora das formulações ideológicas que justificam historicamente as profundas desigualdades desse mundo), mas para conseguirmos pensar a realidade brasileira nos seus próprios termos, para podermos descobrir como transformá-la.

O CAVALO DE TROIA DO PARLAMENTARISMO

Luiz Felipe de Alencastro,
06/06/2016[1]

O atual impasse político traz as cicatrizes das tensões que o país atravessou. De saída, há a inconsistência da legislação sobre o impeachment. Daí nasceu o debate sobre o voto da Câmara em 17 de abril e o subsequente voto do Senado. Trata-se de um ato jurídico perfeito ou de um golpe parlamentar dos derrotados nas eleições presidenciais? Até a decisão do STF, de 17/12/2015, persistiram dúvidas sobre a legalidade da destituição da presidente. O julgamento do STF interveio em resposta a uma ADPF (arguição de descumprimento de preceito fundamental) do PC do B. O partido contestava o impeachment, apontando a ausência de legislação específica sobre o tema.

No arrazoado da ADPF estava citada a decisão de 2011 do STF: "A definição das condutas típicas configuradoras do crime de responsabilidade e o estabelecimento de regras que disciplinem o processo e julgamento dos agentes políticos federais devem ser tratados em lei nacional especial". O acórdão precisava ainda que, na ausência de legislação votada pelo Congresso, a lei de 1950 configurava "a lei nacional especial" sobre o crime de responsabilidade do Executivo. No acórdão, há uma longa discussão sobre o crime de responsabilidade, mas não há referência à definição das regras processuais seguidas no impeachment de Collor. O julgamento de 2011 é importante porque ocorreu num contexto de calmaria políti-

---

1   Versão original publicada no portal Estadão (alias.estadao.com.br), em 6 de junho de 2016.

ca. Dizia respeito a um ponto de direito que não arbitrava nenhuma crise institucional.

Porém, na decisão de 17/12/2015 sobre o impeachment, o STF referiu-se às regras da destituição de Collor para dar maior segurança jurídica à lei de 1950. Desse modo, o STF declarou "constitucionalmente legítima a aplicação analógica" da lei de 1950 sobre o impeachment. Tal é o fundamento legal das votações a favor da destituição no Congresso – cujo lado circense escancarou-se aos olhos de todos – e do governo Temer. A nota enviada às embaixadas brasileiras como defesa do governo em exercício menciona a decisão de 17/12/2015.

Ora, como demonstrou Rafael Mafei Rabelo Queiroz, professor de Direito da USP, num artigo publicado neste jornal, a lei de 1950 constitui um "cavalo de Troia parlamentarista". Redigida por Raul Pilla, propagandista do parlamentarismo, a lei de 1950 – misturando princípios doutrinários e vendeta antivarguista – multiplicou os motivos de destituição do presidente. Passado mais de meio século, a obsolescência da lei de 1950 acentuou-se com os dois plebiscitos que reiteraram o presidencialismo (1963 e 1993) e com o sufrágio presidencial de dois turnos. Sua "aplicação analógica" no contexto atual provocou um desastre.

A responsabilidade do STF no desastre é limitada. O Congresso nunca atualizou a lei de 1950. Como sentenciou Paul Ricoeur, numa frase muito citada na Itália e que se aplica ao caso brasileiro: "O Judiciário é empurrado para a linha de frente pelas instituições políticas em vias de decomposição". Sucede que as manobras de Temer abalaram ainda mais as instituições. É notório que sua legitimidade é a mais rala entre os vice-presidentes chegados à presidência no período pós-ditatorial. Sarney beneficiava-se do clima favorável que precedeu e sucedeu a Constituinte. Itamar Franco derrubou a inflação e foi favorecido pelo deslocamento do foco político para o plebiscito de 1993 e para a candidatura de FHC ao Planalto. Temer faz frente a uma conjuntura bem mais adversa.

Para começar, ele rompeu com a prática constitucional das presidências FHC e Lula que deu um papel figurativo ao vice-presidente. Cumprira-se o artigo 77 da Constituição: a eleição do vice-presidente decorre da eleição do presidente. Sua legitimidade é derivada e não originária. Em seguida, Temer é considerado desleal pela presidente, por milhões dos cidadãos que a elegeram e por muitos que votaram em Aécio. Mais adiante, paira o espectro da candidatura Lula, o melhor presidente do país para 40% dos brasileiros e cujas intenções de voto subiram para 21%, empatando com Marina Silva no primeiro lugar das preferências para a presidencial de 2018 (sondagem de 11/4/2016).

Nesse contexto, Michel Temer, líder de um partido que carrega o paradoxo de ser o maior do país em número de prefeitos, sem ter concorrido à presidência desde 1994, pode embarcar na aventura parlamentarista. A possibilidade é aventada desde 2009, quando se anunciou a chapa Dilma Rousseff-Michel Temer.

A lei de 1950 continha antídotos ao castilhismo gaúcho, defensor de um Executivo forte, que muitos da geração de Pilla viam reencarnar-se em Getúlio. Quem quiser escrever um ensaio intitulado "Fundamentos maragatos do golpe parlamentar de 17 de abril de 2016" deve ler o artigo de Rafael Mafei no *Estadão*.[2] Porém, Raul Pilla defendia o parlamentarismo tradicional em que o governo é exercido pelo Parlamento, e o presidente, eleito pelo voto indireto, tem apenas um papel representativo. Os neoparlamentaristas brasileiros não ousam propor a supressão da presidencial direta. Optam pelo regime semipresidencialista, que tem a Constituição da França como modelo paradigmático.

Mas há um enorme problema, não equacionado no plebiscito de 1993, que deve ser de novo debatido. Em nenhum regime

---

2   Estadão. Blog Direito e Sociedade, 16 de dezembro de 2015. http://brasil.estadao.com.br/blogs/direito-e-sociedade/impeachment-e-lei-de-crimes-de-responsabilidade-o-cavalo-de-troia-parlamentarista/, acessado em 25 de julho de 2016.

semipresidencialista do mundo, passou-se de um presidencialismo integral (como o nosso) para o regime com a mescla parlamentarista. Na realidade, aconteceu o inverso: num regime parlamentarista bem assentado foi introduzida a eleição presidencial direta. Operação bem mais simples do que a aventura discutida por presidenciáveis que não conseguem chegar ao Palácio do Planalto pelas eleições diretas, pela via reiteradamente aprovada pelo povo brasileiro.

PARTE III
HISTORIADORES PELA DEMOCRACIA

*Historiadores pela Democracia em ato na UnB em 7 de junho de 2016.
(Foto: Guilherme Hoffmann)*

O GOVERNO INTERINO AVANÇA E RECUA

1 de junho – *Frente Povo Sem Medo ocupa a Secretaria da Presidência da República na Avenida Paulista em São Paulo em protesto contra os cortes nos direitos sociais. Obtém recuo do governo e restabelecimento dos contratos do Minha Casa Minha Vida.*

2 de junho – *Ricardo Melo restituido à presidência da EBC por liminar do STF.*

7 de junho – *Ato dos Historiadores pela Democracia em Brasília na UnB, encontro com Dilma no Palácio da Alvorada*

9 e 10 de junho – *Protesto nacional contra governo Temer (Frente Brasil Popular e Frente Povo Sem Medo)*

8 a 12 de junho – *Protestos pela Democracia no Brasil em várias cidades do exterior promovidos pela Rede de Brasileiros no Mundo contra o Golpe*

15 de junho – *Governo interino envia à Câmara a PEC 241/2016 para impor limite ao aumento dos gastos públicos federais por 20 anos. Movimentos sociais e sindicais denunciam a desestruturação da política social prevista na Constituição de 1988.*

16 e 17 de junho – *Eventos dos Historiadores pela Democracia, Por um Brasil com Direitos em diversas cidades do país.*

OS HISTORIADORES E A PRESIDENTA. CARTA ABERTA A DILMA ROUSSEFF

Hebe Mattos,
06/05/2016[1]

Rio de Janeiro, 6 de maio de 2016

Querida presidenta Dilma Rousseff,

Permita-me, por favor, chamá-la de querida. Eu tomo tal liberdade como cidadã indignada com o comportamento misógino de ampla maioria dos deputados da câmara *baixa* desse país, durante a vergonhosa votação da admissibilidade (sem qualquer base legal) do processo de seu impedimento do cargo de presidente da República. Neste momento difícil, em que poucos ainda acreditam no espírito democrático da maioria dos senadores, escrevo-lhe, também, como historiadora profissional. Pesquisadora e professora de História do Brasil há mais de 30 anos, a partir da difícil vivência da atual crise política, venho renovando algumas das minhas antigas perguntas sobre o passado brasileiro. A angústia que experimento hoje, ao ver a democracia no Brasil mais uma vez ameaçada, me levou, sobretudo, a reavaliar a força da cultura do privilégio, de fundo patriarcal e escravocrata, no tempo presente da política brasileira.

Depois do dia 17 de abril, de triste memória, a direção da Associação Nacional de História fez uma nota oficial de repúdio à votação da admissibilidade do impeachment, lançando a palavra

---

[1] Publicado no blog Conversa de Historiadoras (conversadehistoriadoras.com).

de ordem "ditatura e tortura nunca mais". Desde então, milhares de pesquisadores, no Brasil e no exterior, assinaram manifestos em defesa da "democracia e do seu mandato". Apesar da divisão existente em toda a sociedade, com certeza a maior parte da comunidade dos historiadores e de cientistas sociais preocupados com a história percebe o impeachment em curso como uma tentativa de golpe de Estado institucional. Muitos têm se manifestado, incansavelmente, em suas páginas nas redes sociais. Tânia Bessone sugeriu que o 17 de abril fique instituído como dia da infâmia e data inicial do golpe. Nesta sexta feira triste, em que a Comissão Especial do Senado ratificou o espetáculo de horrores da Câmara, achei por bem registrar em carta aberta alguns argumentos históricos que têm sido publicamente enfatizados, em defesa da democracia.

Em primeiro lugar, há o forte argumento de que já estaríamos vivendo um estado de exceção, em que a cultura do ódio disseminada pelos meios de comunicação ocuparia papel central. A premissa é defendida por alguns cientistas sociais. Segundo o pesquisador Laymert Garcia dos Santos:

> Esse tipo de análise foi feito nos anos 20-30, com relação ao modo como foi desestabilizada a República de Weimar, na Alemanha, com a ascensão do nazismo. E foi durante a República de Weimar que a gente viu a implosão das instituições e uma desestabilização que deu, como resultado, o triunfo do enunciado "Viva a morte!" e a "Solução Final" do problema judeu. Uma das características importantes dessa implosão das instituições, nos anos 20-30, na Alemanha, é o modo como os juízes violavam a lei e a Constituição, e é ao que estamos assistindo aqui.

Sem utilizar o conceito de estado de exceção, também eu, desde 2013, venho preocupada com a semelhança do que estamos vivendo no Brasil com o processo histórico de desqualificação dos governos formados por políticos abolicionistas e libertos, no Sul dos Estados Unidos, depois da guerra civil que aboliu a escravidão naquele país.

Nos Estados Unidos, o período conhecido como "Reconstrução Radical" (1865-1877) foi pioneiro em reconhecer direitos civis e políticos aos ex-escravos tornados livres com a guerra. No entanto, esses direitos retrocederam, devido à eficácia de um discurso construído a partir da manipulação seletiva de uma série de casos de corrupção, segundo o qual toda a ação política dos libertos e o idealismo dos radicais republicanos seriam uma simples fachada para a ação criminosa de um grupo de aventureiros corruptos, que enganavam ex-escravos desinformados. A predominância dessa narrativa resultou na hegemonia da Ku Klux Klan e em leis de segregação racial que durariam até a segunda metade do século XX.

Absolutamente trágicos como fenômenos sociais, os fantasmas do nazismo e da Ku Klux Klan assombram o cotidiano da política brasileira.

O golpe em curso é também reação a mais de uma década de políticas sociais inclusivas. Nesse sentido, são comuns, entre os historiadores, as analogias com o golpe de 1964 e outros ocorridos na América Latina da segunda metade do século XX. Como o historiador Rodrigo Patto Sá Motta, especialista no período, estamos, todos, infelizmente, surpresos de ver o Brasil, de novo, à beira do abismo. Mais que simples comparação, procedimento que em história nunca funciona muito bem, tais analogias oferecem uma base empírica para ajudar a pensar e a tentar entender o que está acontecendo hoje. Reproduzo aqui uma postagem recente em sua página pública no Facebook, de Carlos Fico, também especialista no período, como exemplo desse exercício de compreensão. Segundo ele,

> O golpe de Estado de 1964 teve etapa militar (com tanques dirigindo-se para o Rio de Janeiro no dia 31 de março), parlamentar (com declaração de vacância do cargo de presidente da República pelo Congresso Nacional na madrugada do dia 2 de abril) e jurídico-legal (com a posse do presidente da Câmara na Presidência da República, às 3h30min da manhã do mesmo dia). Essa posse foi sacramen-

tada pelo presidente do Supremo Tribunal Federal, Ribeiro da Costa, que foi acordado às pressas e concordou em participar da farsa (porque Goulart ainda estava no Brasil).

A simples enunciação dos fatos do passado ilumina os riscos e atropelos que vivemos no presente.

Por fim, muitos historiadores evocam períodos mais recuados da nossa história e vão buscar a raiz da crise atual na nossa formação colonial e escravocrata, que teria feito, da lógica do privilégio, base da cultura política brasileira. Considero, porém, e o faço na boa companhia de Sidney Chalhoub, professor na Universidade de Harvard e, como eu, historiador do século XIX, que o problema de fundo da cultura política brasileira não é a lógica do privilégio em si, mas sua manutenção envergonhada, sem a sustentação da moral aristocrática, a partir da independência política e da criação do Estado nacional brasileiro.

Em texto intitulado "Homenagem do vício à virtude" procurei abordar o nascimento do problema. Após a independência, muitos lutaram para que a lei que proibia o tráfico de escravos fosse efetivamente implementada, mas ela se tornou alvo de um vigoroso processo de desobediência civil por parte dos grandes senhores de escravos, por fim consolidado no movimento político conhecido como Regresso, que alcançou o poder em 1837. A hipocrisia generalizada como política de Estado nascia ali. Um relatório do Foreign Affairs, de Londres, relata mais de 4.000 escravizados desembarcados entre Copacabana e a Ilha Grande apenas em janeiro de 1838. Como os corpos escravizados de africanos nas praias do Rio no século XIX, a corrupção endêmica está aí aos olhos de todos, mas boa parte da sociedade brasileira insiste em ignorar. Evocando Machado de Assis e o mesmo período, Sidney Chalhoub escreveu um artigo cheio de ironia sobre a base social e a ideologia do golpe em curso, em que uma assembleia de acusados de corrupção, presidida por um réu, decretou a admissibilidade do impedimento de uma presidente eleita por 54 milhões de votos, contra a qual não há acusação. O texto imaginava historiadoras do futuro lendo o artigo da revista alemã *Der Spiegel*, de título "A insurreição dos hipócritas", sobre a sessão da câmara baixa brasileira de 17 de abril. O rei está nu.

Querida presidenta, entre os inúmeros historiadores e cientistas sociais que hoje lutam contra o golpe travestido de impeachment, muitos sempre foram críticos e mesmo opositores ao seu governo. Não é o meu caso. Nunca fui filiada a qualquer partido político, mas, hoje, posso dizer que me tornei "dilmista", e acho que nós, os dilmistas, somos muito mais numerosos do que as pesquisas conseguem detectar. Fui sua eleitora por duas vezes, presidenta, com entusiasmo, e, apesar das alianças difíceis, que hoje cobram um preço doloroso, não me decepcionei. Além da minha empatia histórica pela solidão dos governantes de esquerda moderada à frente de economias capitalistas em crise, nos últimos meses só tem crescido a minha admiração por sua coragem e apreço às instituições democráticas. Graças à serenidade e firmeza de sua atitude, entre os muitos cenários sombrios que a crise atual nos evoca, há um que pode ser positivo. A opinião pública internacional denuncia o golpe em curso, e jovens secundaristas em luta por suas escolas, no Rio e em São Paulo, trazem esperança de renovação ao coração de todos os democratas. Toda a estrutura da velha corrupção endêmica está, pela primeira vez, *de um só lado*. A luta está no começo. Esta pode ser a crise terminal da cultura da hipocrisia na política brasileira. Se assim for, sua atitude à frente da presidência da República terá sido essencial. Se assim não for, mesmo que eles consigam, mais uma vez, golpear a democracia e cassar o meu voto e o de mais 54 milhões de brasileiros, ainda assim, não tenho dúvidas, passarão à história como *hipócritas, corruptos e golpistas*.

Com admiração,

Hebe Mattos
Professora titular de História do Brasil/Universidade Federal Fluminense

CARTA À PRESIDENTA

*Adriana Facina,
01/6/2016*[1]

Cara presidenta Dilma,

Meu voto foi seu. Mas tive de me tornar oposição ao seu governo. O ataque ao meio ambiente e aos direitos das populações indígenas, a capitulação diante do agronegócio, a falta de compromisso sério com o fim do genocídio da juventude negra das nossas periferias e a timidez na defesa dos direitos das mulheres e minorias são alguns dos motivos de minha oposição.

Nossos sonhos foram negociados em nome de alianças com os que hoje te traem. Nossas derrotas alimentaram as hienas golpistas.

No entanto, reconheço as conquistas democráticas que o PT representou. A ampliação e a democratização das instituições federais de ensino foi notável, bem como as ações voltadas para a diminuição da nossa brutal desigualdade social, como os programas Minha Casa Minha Vida e Bolsa Família.

Por isso, estamos nas ruas. Para defender a democracia e um sonho que um dia sonhamos juntas. *Não aceitaremos retrocessos em nossas conquistas.* Estamos nas ruas também pelo respeito que temos pela sua trajetória e porque seus inimigos são os exterminadores do futuro, os senhores da morte, os saqueadores impiedosos do povo.

Apesar da lei antiterrorismo tragicamente aprovada em seu governo, conduzido por uma mulher que em outro momento da

---

1   Publicada na página pessoal da autora no Facebook.

história foi acusada de terrorista por lutar pelo país, ainda assim não vamos descansar enquanto Temer, o ilegítimo, não estiver fora da cadeira presidencial.

Espero que, de volta ao cargo para o qual foi legitimamente eleita, aja como mulher de luta que é e respeite a agenda firmada com seus eleitores e com aquelas que nesse momento te abraçam.

Força, presidenta!
Fora golpistas!

Adriana Facina

HISTORIADORES NO ALVORADA

*fala de Wlamyra Albuquerque,
07/06/2016*[1]

Cara presidenta,

Quando recebi o convite para fazer uso da palavra neste evento, de pronto passei a pensar sobre o que caberia lhe dizer neste momento. E a primeira delas é o de ser porta-voz da indignação de uma grande parte dos historiadores diante da maneira perversa pela qual a democracia tem sido ameaçada no nosso país; ser porta-voz desta comunidade acadêmica que tem por ofício lidar com as narrativas históricas e que está engajada nas disputas pelas versões do golpe que estamos vivendo e sublinhando-lhe sempre o caráter machista, conservador, retrógrado, de renascido das velhas estruturas oligárquicas que ainda se mostram férteis no Brasil.

Mas, presidenta, eu também me sinto aqui, como negra que sou, de alguma forma, a voz das comunidades do sertão nordestino, que até recentemente não tinham água encanada em casa. Também me sinto porta-voz dos alunos cotistas que me olham com cumplicidade subversiva por sermos negros na universidade. Também me sinto porta-voz da maioria do seu eleitorado feminino, que teve papel decisivo nas últimas disputas presidenciais. A escritora Chimamanda Adiche já escreveu que "o privilégio cega, porque é da natureza do privilégio cegar aqueles que o desfrutam". Pois bem, todos e todas a quem tenho o desejo de representar têm dito nas ruas, nas redes sociais, nos ambientes de trabalho, nas salas de aula, que é o desejo

---

[1] Fala da autora durante encontro com a presidenta Dilma Rousseff

de manutenção de privilégios o que sustenta esse governo ilegítimo e provisório. Entretanto, a cegueira desses privilegiados não nos impede de ver e, portanto, de lutar e declarar, publicamente, a nossa solidariedade à senhora e reafirmar princípios. Estamos aqui para dizer de nosso compromisso com a luta pela democracia, para tentar impedir que a cegueira dos privilegiados anule direitos sociais e políticos duramente conquistados pela sociedade brasileira.

Darcy Ribeiro dizia que nós, brasileiros, ainda carregamos "conosco a cicatriz de torturador impressa na alma e pronta a explodir na brutalidade racista e classista. Ela é que incandesce, ainda hoje, em tanta autoridade brasileira predisposta a torturar, seviciar e machucar os pobres que lhes caem às mãos[2]. Me sinto, portanto, representante e representativa daqueles que se põem ao seu lado e lutam para que a sociedade brasileira se desfaça das cicatrizes dos torturadores, porque só assim não será mais preciso reafirmarmos a legitimidade da presença negra e indígena, quilombola, pobre, suburbana e feminina em qualquer espaço público privilegiado deste país, inclusive nas universidades.

E só nessa sonhada sociedade uma professora universitária negra e nordestina será algo tão banal, que ela não precisará dizer-se como tal.

Muito obrigada.

Wlamyra Albuquerque

---

2   Darcy Ribeiro, 1996, p. 120.

MANIFESTO HISTORIADORES PELA DEMOCRACIA

07/06/2016[1]

Atenção, atenção! Ultrapassaram a fronteira rumo ao estado de exceção.

Corre um rio de intolerância na sociedade hoje, que condiciona a ação de vários grupos. A intolerância está na raiz do ódio, o ódio está na raiz do fascismo.

Não é convencional que as ferramentas da democracia estejam sendo usadas contra a própria democracia. Estamos assistindo a um golpe de três poderes contra um: o Judiciário, o midiático e o Legislativo contra o Executivo.

Ele foi orquestrado por um Congresso que alia nossa pior tradição oligárquica com a novidade do fundamentalismo religioso. Nele, o capitalismo contemporâneo e as tradições mais conservadoras que marcaram a história do país se encontram para reafirmar o projeto excludente das elites desse país.

Amostra disso é o fato de que o governo provisório tenha adotado "Ordem e Progresso" como fundamento simbólico, lema emprestado da Primeira República, quando a noção de progresso era pautada no evolucionismo social e visava-se a uma só evolução rumo à civilização, e o resto seria barbárie.

Como professores universitários, sabemos que nos últimos dez anos a universidade brasileira vem mudando de cor. Está se tornando mais diversa e, de fato, mais republicana. O golpe ameaça a continuidade das políticas que buscam a integração da população negra,

---

1 Texto adaptado por Beatriz Mamigonian do vídeo manifesto "Historiadores pela Democracia".

pobre, indígena na sociedade brasileira. Ameaça brutalmente direitos adquiridos com muita luta por trabalhadores e trabalhadoras do país.

Não queremos abrir mão dos princípios das sociedades republicanas, princípios baseados na liberdade e na igualdade. Defendemos a pluralidade e a inclusão social. Defendemos uma república onde todos são cidadãos.

Enquanto o golpe representa a força do passado na sociedade brasileira, com suas bandeiras de privilégio de classe, misoginia, racismo e corrupção, resistir é firmar os valores da democracia e da justiça social. Enquanto houver golpe, haverá resistência.

Dentro da institucionalidade democrática, temos forças no Legislativo, no Judiciário, na opinião pública, nas mídias alternativas e, sobretudo nas ruas, temos forças para barrar o golpe. Não se trata de defender esse ou aquele governo ou partido político, mas as regras do jogo democrático.

A presença de Dilma na presidência da República, com trajetória de luta pela democracia no país representou um grande avanço para a luta das mulheres. A história fará justiça ao seu governo e reconhecerá seu esforço em tornar o Brasil um país, mais justo. Sabemos que não houve crime de responsabilidade a justificar o afastamento. Já temos fonte segura a comprovar a hipótese que vínhamos sugerindo há meses, de que um golpe vinha sendo gerado. Espera-se que a Justiça comece pelo menos a considerar a hipótese do golpe, avançando na coleta de provas e decidindo de acordo com elas.

Historiadores do futuro, para fazer a história desse golpe, não vão poder se fiar na grande imprensa; eles terão que contar com a mídia alternativa, com as redes sociais e com a imprensa internacional. Sabemos que está em disputa, na sociedade, na mídia e no governo interino a narrativa desse evento. Nossas vozes, somadas, defendem o retorno de Dilma à presidência e a realização de ampla reforma política e jurídica que aprofunde as conquistas democráticas do povo brasileiro.

Brasília, 7 de junho de 2016.

MAIS RESPEITO COM A BIOGRAFIA DOS OUTROS, PESSOAL

Keila Grinberg,
14/06/2016[1]

> O *Estadão* publicou hoje, 14/6/2016, um editorial de ódio sobre a iniciativa de entregar um Vídeomanifesto de historiadores em defesa do estado democrático de direito à presidenta afastada. O autoritarismo do jornal é quase inacreditável. Ele não se dá ao trabalho de citar qualquer dos intelectuais que participaram da iniciativa. Segundo o jornal, Harvard, Sorbonne, Brown e as melhores universidades brasileiras estão aparelhadas pelo "lulopetismo". Seria cômico se não fosse trágico. Incomodamos.
> (Hebe Mattos e Martha Abreu)

Aprendi muito com a "opinião" do *Estadão* de hoje. Aprendi que meu ofício é "reconstituir o passado". Essa foi boa. E passado lá é cena de crime, para ser reconstituído?

Nós narramos, contamos, explicamos. Interpretamos os fatos. Discordamos uns dos outros. E, acima de tudo, ensinamos aos nossos alunos que, quando queremos argumentar a favor desta ou daquela interpretação – qualquer interpretação –, é preciso, no mínimo, contextualizar o documento e citar a fonte. Do contrario, não passa de mera "opinião".

Pelo menos nisso, o *Estadão* foi honesto: o que está escrito no editorial é mera opinião. Sem qualquer fundamento. Afirmar que

---

[1] Publicado no Blog Conversa de Historiadoras (conversadehistoriadoras.com)

formulamos um "pensamento único nas universidades" e que pretendemos difundir um "discurso consensual" sobre o que quer que seja é opinião sem qualquer fundamento. Afirmar que pretendíamos aproveitar o sucesso eleitoral petista "para tornar hegemônica a versão segundo a qual o PT e seus satélites transformaram o Brasil no país da justiça social" é opinião sem qualquer fundamento.

O *Estadão*, como bom jornal que supõe ser, ao invés de desqualificar aqueles a quem critica, podia ao menos indicar a fonte. Assim seus leitores podem formar suas próprias ideias, mesmo que sejam diferentes daquelas expressas pelo jornal. É isso o que ensinamos aos nossos alunos.[2]

Agora, de tudo isso, o que me chateou mesmo foi a referência ao Marc Bloch: mais respeito com a biografia dos outros, pessoal.

---

2   Para quem quiser saber quem são os Historiadores pela Democracia, acesse http://historiadorespelademocracia.tumblr.com/. E para quem não leu a opinião do *Estadão*, aqui vai a fonte: Jornal *O Estado de São Paulo*, 14 de junho de 2016, http://opiniao.estadao.com.br/noticias/geral,o-lugar-de-dilma-na-historia,10000056999, acessado no mesmo dia. Tirem suas próprias conclusões.

O OFÍCIO DO HISTORIADOR E OS FORMADORES DE QUADRILHA

Silvia Hunold Lara,
29/06/2016[1]

Nos últimos meses, um grupo de historiadores decidiu se manifestar publicamente em defesa da democracia. Fazendo uso de meios de comunicação alternativos, criou nas redes sociais o grupo "Historiadores pela Democracia", produziu vídeos e textos, além de um manifesto em defesa do governo legítimo que está sendo deposto por meio de um golpe. Há ali gente de tendências diversas, tanto do ponto de vista político como profissional. O que os une é a certeza de que o Legislativo e o Judiciário, com apoio dos grandes meios de comunicação, associaram-se para afastar do poder a presidente democraticamente eleita que, apesar da crise e de vários erros (incluindo relações ambíguas com corruptos), vinha se mantendo na defesa de direitos básicos estabelecidos na Constituição.

Em 7 de junho, uma parte desse grupo foi ao Alvorada, prestar sua solidariedade a Dilma Rousseff, afastada da presidência sob a alegação de ter cometido "crimes de responsabilidade" que, aliás, também foram praticados por seus antecessores e por vários governadores e prefeitos. O Legislativo fez uso de mecanismos constitucionais e o Judiciário estabeleceu o ritual do processo. A aparente legalidade não esconde, entretanto, o golpe articulado por forças retrógradas que se instalaram no poder e esforçam-se por dar uma guinada ultraliberal na economia, diminuir conquistas dos trabalhadores, limitar políticas sociais e restringir direitos humanos.

---

1   Publicado no site "Viomundo" (viomundo.com.br).

Os historiadores não foram os primeiros nem os únicos profissionais a se manifestar, nem a denunciar o golpe em curso. Mas chamaram a atenção de dois dos principais jornais do sudeste brasileiro: um publicou um editorial agressivo contestando a qualidade profissional dos participantes do grupo ("O lugar de Dilma na história". *O Estado de S. Paulo*, 14/6/16), e o outro, um artigo, assinado por um de seus articulistas habituais, criminalizando o movimento (Demétrio Magnoli. "Formação de Quadrilha". *Folha de S.Paulo*, 25/6/16).

Ambos têm uma ideia bem tacanha do que seja o ofício do historiador. O primeiro afirma que o papel da história é "o de reconstituir o passado para entender o que somos no presente". O segundo diz que "o historiador indaga o passado, formulando hipóteses que orientam a investigação e reconstrução da trama dos eventos". Pois aí está o problema: o papel do historiador nunca foi o de "reconstituir" o passado. Analisando os documentos produzidos pelos diversos sujeitos que participam de um acontecimento ou fazem parte da sociedade, nós interpretamos o passado, procurando explicá-lo. Essa explicação nunca é unívoca, posto que deve compreender as diversas forças que produziram os "fatos". Nem tampouco é singular: a história – como aprendem os alunos desde o primeiro ano do curso – não se escreve com verbos regulares e, geralmente, usa o plural. Isso acontece com o passado histórico que, pela sua própria natureza, como o presente, é prenhe de tensões e vozes dissonantes. O mesmo se dá com o trabalho dos historiadores, que só se realiza no diálogo com interpretações e explicações diversas. Ao supor a unicidade da história e dos profissionais que denunciam o golpe, os dois jornalistas produzem um efeito de verdade muito útil para a defesa de suas posições.

O Estado de S. Paulo acusa os "Historiadores pela Democracia" de serem "intelectuais a serviço de partidos que se dizem revolucionários", registrando que todos aqueles profissionais estão a serviço do "lulopetismo". O articulista da *Folha de S.Paulo* os coloca como militantes de um Partido totalitário. O primeiro recorre a um neologismo depreciativo. Ele faz par com outros, mais recentes, como "esquerdopata", "petralha", "feminazi". São substantivos coletivos que servem claramente para desqualificar todos os que não pensam como o emissor do discurso. O uso varia conforme a ênfase que se queira dar: contra uma opção político-partidária, contra os que defendem princípios democráticos e/ou libertários ou os direitos das mulheres e de outras minorias. Como se em cada um desses registros só coubesse uma forma única de ser e de pensar. O tratamento coletivo e pejorativo serve, assim, a uma visão incapaz de abarcar a pluralidade. O mesmo acontece quando se tenta explicar que a atitude desses historiadores estaria sendo conduzida por um Partido, com "P" maiúsculo. Tal fantasmagoria só revela a completa ignorância do colunista em relação à diversidade de posições desses profissionais da área de História – alguns dos mais competentes e destacados, no Brasil e no exterior.

Além de associar dessemelhantes, o colunista da *Folha* acusa os "Historiadores pela Democracia" de possuírem "alinhamento ideológico" próximo ao "alinhamento corporativo" dos juízes do Paraná que tiveram seus salários divulgados em uma reportagem. Como se trata de um atentado contra a liberdade de imprensa, ele analisa contradições entre a pretendida defesa dos valores democráticos por associações de magistrados e o assédio judicial cometido contra os jornalistas. Aqui, o golpe e o "sequestro do sistema de justiça" podem ser denunciados. Estranhamente, o articulista não associa os historiadores aos jornalistas, mas sim aos juízes, invertendo completamente a lógica mais elementar. São os juízes que estão recorrendo a estratagemas e brechas do sistema legal para cassar, na prática (como diz o próprio Magnoli) os direitos dos jornalistas. Se pode admitir isso nesse caso, por que não consegue concordar com aqueles que denunciam que, "na prática", o que se assiste é à produção lenta e gradual de um golpe contra a democracia? Ao preferir xingar, acusar e desqualificar, juntando desiguais sob o signo de comportamentos deploráveis, o colunista se aproxima – ele sim – mais dos juízes que de seus colegas jornalistas.

O que, na manifestação dos "Historiadores pela Democracia", teria incomodado tanto os autores desses dois textos e seus patrões? A pista está nos títulos. O lugar que todos nós ocupamos na história não está nas mãos dos historiadores, nem terão esses profissionais uma só verdade sobre ela, como já expliquei. Como são partidários de uma história unívoca e "verdadeira", temem que a narrativa histórica não lhes faça "justiça". Historiadores do presente e do futuro certamente lerão os documentos produzidos ao longo desse processo e poderão mostrar, com base neles, as forças atuantes, seus protagonistas, os vencedores e vencidos, e aqueles que ficaram em cima do muro. Todos nós temos um lugar – e aqueles que lutaram pela pluralidade e pela diversidade poderão estar juntos, mesmo sendo diferentes. O nome disso é democracia.

Os que usam malabarismos retóricos para criminalizar os que não pensam como eles estão fora deste campo. Ao imaginar uma quadrilha, usar neologismos pejorativos e maiúsculas generalistas, imputam ao outro unicidades que buscam apenas intimidar. Certamente exageros e figuras de linguagem fazem parte da disputa de ideias e argumentos. Mas nesses textos há mais que isso. A história tem exemplos dolorosos desse tipo de comportamento – basta lembrar textos e atitudes de alguns jornalistas, militantes e intelectuais da Alemanha ou da Itália nos anos 1930. O nome disso é fascismo.

CARTA ABERTA AO *ESTADO DE SÃO PAULO*, EM RESPOSTA AO EDITORIAL DE 14 DE JUNHO DE 2016

Suzette Bloch e Fernando Nicolazzi,[1]
11/07/2016

Meu nome é Suzette Bloch. Sou jornalista e, além disso, neta e detentora dos direitos autorais do historiador e resistente Marc Bloch.

Eu li seu editorial do dia 14 de junho sobre o manifesto dos "Historiadores pela Democracia". Ele me deixou estupefata e indignada. Seu jornal utiliza o nome de meu avô para justificar um engajamento ideológico totalmente oposto ao que ele foi, um erudito que revolucionou a ciência histórica e um cidadão a tal ponto engajado na defesa das liberdades e da democracia que perdeu a vida, fuzilado pelos nazistas em 16 de junho de 1944.

O jornal recorre ao nome de Marc Bloch para responder aos historiadores brasileiros que se posicionaram contra o afastamento da presidenta Dilma Rousseff. "Pensamento único, historiadores muito bem posicionados na academia, a serviço de partidos, bajuladores do poder etc."; seu editorial não argumenta, apenas denigre. Eis por que tiveram necessidade de se valer de uma obra de alcance universal e da vida irretocável do meu avô para tonar virtuoso seu apoio ao golpe de Estado.

Condeno toda instrumentalização política de Marc Bloch. Para além do homem público, ele é o avô que eu não conheci, mas

---

[1] Publicada originalmente na página pessoal de Fernando Nicolazzi no Facebook. O texto foi enviado para o portal *Estadão*, como resposta ao editorial publicado em 14/6/2016. Não houve resposta por parte dos editores.

que nos deixou como herança a memória de uma família para a qual a liberdade representa a essência de toda humanidade. Em todo lugar, a cada instante, no Brasil inclusive. Vocês omitiram aos seus leitores o fato de que o filho mais velho de Marc Bloch, meu tio Étienne, que libertou Paris junto com a 2ª Divisão Blindada do General Leclerc, foi o presidente do Comitê de Solidariedade França-Brasil nos anos 1970. Esse comitê auxiliou as vítimas do regime civil-militar iniciado com o golpe de 1964 e manteve-se na luta pelo retorno da democracia brasileira. Poderiam ainda ter explicado aos seus leitores que a neta de Marc Bloch se casou com um brasileiro, Hamilton Lopes dos Santos, refugiado político do Brasil e depois do Chile, tendo chegado à França em 1973 em razão do golpe de Pinochet. Poderiam, enfim, ter anunciado que dois dos bisnetos de Marc Bloch, Iara e Marc-Louis, são franco-brasileiros.

Conseguem imaginar a reação de meu avô diante do espetáculo dos deputados que votaram pelo afastamento de Dilma Rousseff em nome de suas esposas, de seus filhos, de Deus ou de um torturador? Imaginem ainda sua reação diante de um presidente interino que formou um governo exclusivamente de homens e cuja primeira medida foi suprimir o Ministério da Cultura e o Ministério das Mulheres, Igualdade Racial, Juventude e Direitos Humanos, suspendendo e reduzindo diversos programas sociais, como o Minha Casa, Minha Vida. Ministros empossados são investigados por corrupção e alguns foram exonerados após a divulgação de conversas nas quais admitiam que o afastamento de Dilma não tinha senão um objetivo: parar as investigações contra a corrupção. Imaginem a reação de meu avô!

O presidente francês, François Hollande, foi eleito com 51,9% dos votos em 2012 e sua popularidade não passava de 16% em maio. No entanto, seus adversários políticos sequer sonharam em contestar sua legitimidade conquistada nas urnas; apenas estão se preparando para as próximas eleições, como em toda democracia digna desse nome. Não pode haver democracia sem o respeito às eleições. Contudo, um grande jornal como este aplaude o confisco do voto popular.

Mas deixo a palavra ao historiador Fernando Nicolazzi, integrante do grupo de "Historiadores pela Democracia", a quem solicitei escrever este direito de resposta com outras vozes.

***

O convite feito por Suzette Bloch para juntar minhas palavras às suas, no ato solidário e indispensável de combater a impostura de um jornal comprometido, em cada linha de seus editoriais, com a defesa de um golpe de Estado em curso, não poderia ser recusado. Este mesmo jornal, que há alguns meses disse um "basta!" à democracia, ecoando o gesto autoritário cometido pelo *Correio da Manhã* em 1964, agora direciona seus impropérios ao grupo de historiadores e historiadoras que atuam em defesa dos princípios democráticos de nossa sociedade. Faço parte desse grupo e estive na audiência realizada com a presidenta eleita Dilma Rousseff no último dia 7 de junho.

O editorial de 14 de junho, que pretende definir o "lugar de Dilma na história", faz menção a palavras escritas por Marc Bloch, desvinculando-as irresponsavelmente daquele que as escreveu. Nesse sentido, instrumentaliza politicamente o nome do historiador francês, autor de uma apologia da história elaborada no momento mesmo em que atuava na resistência contra o fascismo e em defesa das liberdades democráticas. Suzette Bloch, em justificável indignação, já apontou acima o desrespeito ético e a desonestidade intelectual que caracterizam esse texto. Quanto a isso não cabem aqui outras palavras.

Porém é preciso fazer frente também à outra dimensão contida naquele editorial: sua falaciosa representação dos historiadores e historiadoras que assinaram o manifesto, definidos ali como intelectuais "a serviço de partidos políticos", comprometidos com a elaboração de um "pensamento único", "bajuladores do poder". O editorial traz ainda as marcas da sua baixeza moral ao sugerir, sem qualquer respaldo aceitável, que muitos dos participantes do encontro com a presidenta a "detestam". Nada mais desonesto, nada mais mentiroso! Mas também nada mais compreensível!

Afinal, não é difícil compreender que, para setores da sociedade comprometidos com a manutenção da exclusão em suas diferentes formas, a defesa da democracia e da inclusão social cause incômodo e provoque atitudes como esta, que, faltando com a verdade, apenas encontra amparo na ofensa e na intolerância. Além disso, é fácil compreender que essa seja a única forma de linguagem política assumida pelo jornal, que já definiu os opositores ao golpe de "matilha de petistas e agregados": a propagação do seu ódio na busca de cumplicidade, como se ele fosse compartilhado por todas as pessoas. Basta acompanhar as inúmeras e diversas intervenções dos "Historiadores pela Democracia" para constatar quão caluniador e distante dos fatos é o editorial.

O golpe parlamentar, jurídico e midiático em curso ataca direitos sociais, políticos e civis que são fundamentais para a existência da democracia. Tais direito foram conquistas feitas pela sociedade e não simples concessões governamentais. Lutar contra esse golpe não significa defender um governo ou um partido político, mas sim defender a vigência de princípios básicos de cidadania, considerando que a justiça social deve ser um valor preponderante em nossa sociedade. São essas razões que me fazem participar do grupo, além da convicção íntima, enquanto historiador e enquanto cidadão, de que se posicionar pela democracia se coloca hoje como um imperativo incontornável na nossa vida pública.

Em um texto que pretende dizer o que deve ser o exercício da historiografia, lemos apenas o uso inconsequente da história e a utilização deturpada da obra de um historiador que soube, como poucos, escrever sobre o próprio *métier*. Apesar da indignação causada, o editorial cumpriu seu papel esperado, sem nenhuma surpresa. E ao menos algo positivo ficará dessa situação: não será preciso aguardar historiadores futuros para colocar o *Estadão* em seu devido lugar na história, ou seja, ao lado dos golpistas do passado, os mesmos que em 2 de abril de 1964 comemoraram a vitória do "movimento democrático" que hoje conhecemos como ditadura civil-militar e que, além de vitimar milhares de pessoas, ampliou a desigualdade social no Brasil. Seus editorialistas continuam realizando com esmero essa função no presente.

"ESCOLA SEM PARTIDO":
A ESCOLA DO NOSSO TEMPO?

Henrique Estrada Rodrigues,
17/06/2016[1]

> *"Este é tempo de partido,*
> *tempo de homens partidos."*
> Drummond, "Nosso tempo"

PARTIDA

Há mais de dez anos, em 2004, surgia a organização chamada Escola sem Partido, pouco notada na ocasião. Dez anos depois, em 2014, Flávio Bolsonaro (PP/RJ), deputado estadual no Rio de Janeiro, buscava nela os fundamentos para um projeto de lei que regulamentasse os limites do que um professor poderia dizer – ou não dizer – em sala de aula. Em 2015, o deputado federal Izalci Ferreira (PSDB/DF) propõe incluir, entre as diretrizes e bases da educação nacional, o Programa Escola sem Partido. Ainda em 2015, o deputado federal Rogério Marinho (PSDB/RN) também se inspira na ESP para elaborar um projeto que tipifica como crime professor acusado de "assédio ideológico"; sua justificativa é a de que a "forma mais eficiente do totalitarismo para dominar uma Nação é fazer a cabeça de suas crianças e jovens. Quem almeja o poder total, o assalto à Democracia, precisa doutrinar por dentro da sociedade, estabelecer a hegemonia política e cultural, infiltrar-se nos aparelhos

---

[1] Este texto retoma e modifica ligeiramente apresentação feita no debate "O movimento 'Escola sem Partido' e o direito à diversidade cultural", realizado na Fundação Casa de Rui Barbosa em 17/06/2016. Publicado no site da Associação Nacional de História (site.anpuh.org)

ideológicos e ser a voz do partido em todas as instituições" (projeto disponível no site da Câmara). Em 2016, projetos e justificativas dessa natureza são discutidos em muitas casas legislativas (municipais e estaduais), e seus princípios alimentam parte significativa do debate público sobre o papel do ensino no país, com o apoio de movimentos como o Vem Pra Rua. Não por acaso, nos primeiros dias da presidência de Temer, um dos primeiros atos públicos do novo ministro da Educação foi o de receber simpatizantes da ESP, que diziam levar para o novo governo sugestões afins aos princípios da organização.

Mas em que consiste a proposta da Escola sem Partido? O que pensam ou pretendem seus partidários? Este texto pretende discutir, justamente, essas questões. Para isso, o que se propõe aqui é começar com uma breve navegação pelo próprio site dessa "escola". Será a partir dessa "breve navegação" que se esboçarão, aqui, duas coisas: a) entender o princípio que motivaria e alimentaria os modos de intervenção dessa organização não governamental; b) sugerir um modo pelo qual se poderia intervir, publicamente, nesse debate, ou melhor, um modo de pensar o debate segundo termos e procedimentos diferentes daqueles pautados pela Escola sem Partido. De resto, se este texto pretende analisar "princípios" e sugerir formas de "intervenção pública", é porque eu parto do pressuposto de que o tema da "escola", tal como apresentado pela ESP, permite acessar e compreender não apenas uma determinada concepção sobre educação, mas também (e talvez principalmente) uma forma conservadora de pensamento político, cujos tons podem ser razoavelmente reconhecidos no site da organização.

BREVE NAVEGAÇÃO

"Flagrando o doutrinador"; "Planeje sua denúncia". No site da chamada Escola sem Partido, na lateral direita, essas duas "entradas" aparecem como ícones em destaque. É preciso reparar nos termos propostos: "flagrar", "planejar" e "denunciar". Aquele que clicar no ícone "Flagrando o doutrinador" encontrará a seguinte mensagem: "Selecionamos, neste espaço, alguns procedimentos utilizados por esses mestres da militância. Você pode ser vítima de doutrinação ideológica quando seu professor..." e seguem dezessete orientações para que o aluno possa identificar (e registrar) o "flagra". Já aquele que clicar no ícone "Planeje sua denúncia" irá se deparar com orientações para "comprovar" o flagra e realizar a queixa no momento mais oportuno. Mais abaixo dessas duas entradas, a lateral direita do site tem mais um ícone com o título "Conselho aos Pais". Clicando nesse ícone, em letras garrafais, o usuário do site encontra o conselho: processar escolas e professores que transmitam "conteúdos imorais". Bem acima de tudo isso, ainda na lateral direita, outro ícone tem a seguinte chamada: "Por uma lei contra o abuso da liberdade de ensinar". Clicando nela, abrem-se dois modelos padrões de "anteprojeto de lei" (um para Estados, outro para municípios), modelos que têm sido levados para as casas legislativas de todo o país, com poucas variações. De resto, aquele que entrar hoje no site encontrará em destaque, no centro da página, um modelo de "notificação extrajudicial" para que pais e alunos acionem escolas e professores, antes que o próprio Ministério Público seja acionado, a partir dos "flagrantes" produzidos pelas "vítimas". Aquele que quiser continuar passeando pelo site, irá se deparar com muita coisa, boa parte dela variações (ou desdobramentos) dos "princípios" aqui desenhados.

Mas que princípios são esses? Qual é a âncora que permite dar alguma firmeza a todo esse percurso sugerido pelos ícones do site? Finda a navegação, é o momento, pois, de procurarmos os possíveis motivos e modos de intervenção que parecem sustentar a Escola sem Partido.

A ÂNCORA

Começo destacando o próprio vocabulário utilizado para representar o que seria a "escola", o que, talvez, nos indique um bom encaminhamento para a questão. Como se pode perceber, essa organização representa o ambiente da escola como um lugar de "vítimas", "abusos", "imoralidade", razão pela qual esse mesmo ambiente deveria ser o lugar do "flagra", da "denúncia", da "produção de provas", "notificações extrajudiciais", "processos", "Ministério Público". Fazer com que esse "dever-ser" se transforme em realidade me parece a principal doutrina proposta pela Escola sem Partido. Em outras palavras, o site me parece ser uma verdadeira escola da judicialização. Este é, pois, é o principal ponto para o qual eu gostaria de chamar a atenção.

Existe uma literatura especializada que vem estudando, há algum tempo, o que se chama de "judicialização da política" no Brasil (a esse respeito, que se leia, por exemplo, os trabalhos de Werneck Vianna, Marcelo Burgos e outros, que retomo aqui, em novo contexto, por minha conta e risco). É certo que a Constituição de 1988 admite a sociedade civil como possível intérprete da lei via, por exemplo, "ações civis públicas", além de configurar o Ministério Público como instituição que, incumbida da defesa da ordem jurídica e dos interesses sociais e individuais, vem, desde então, assumindo certo ativismo para a concretização de direitos fundamentais. E isso não é necessariamente ruim. Mas também é certo o fio de navalha dessa judicialização, sobretudo quando o ativismo judicial é investido (frequentemente por provocação da própria sociedade) de missão de "salvação pública", propícia em contextos (como parece o atual) de esvaziamento dos instrumentos políticos de resolução de conflitos – desmoralização dos partidos, esvaziamento dos sindicatos, desconfiança generalizada dirigida ao Legislativo e ao Executivo.

É nesse contexto que a organização Escola sem Partido lança sua âncora no terreno da judicialização. E como a "breve navegação" aqui feita permite reconhecer, o site da ESP não deixa de ser uma fonte para que se compreenda algo muito específico: o modo como esse terreno começa a invadir o ambiente escolar, judicializando, curiosamente, as relações professor-aluno, pais-escolas.

O FIO DA NAVALHA

Mas isso não é tudo. Se a judicialização corre num fio de navalha, o que toda a movimentação em torno da Escola sem Partido permite identificar é que esse "fio" tem avançado no sentido nem tanto de "proteger direitos", mas no de cortar, dividir e – suspeito – corroer o ambiente escolar. E assim o faz (e eu continuo seguindo aqui o que pude colher nos textos do site) a partir de uma representação falsa desse ambiente, como se ele fosse um homogêneo universo de conspiração doutrinária alinhada à esquerda (ao PT, ao comunismo, ao bolivarianismo, ao totalitarismo, e mesmo a um curioso "porno-marxismo" – sim, "porno-marxismo" é um termo de denúncia que aparece no site). É essa suposta conspiração que justificaria, por exemplo, o projeto de lei do deputado federal Rogério Marinho (PSDB/RN), como visto no início deste texto.

Não obstante, para além do que possa haver de fantasioso, e mesmo jocoso, em representações como essa, é importante estar atento ao seu mecanismo de construção. O expediente é conhecido: há algo chamado "escola"; dentro dela há, como se sabe, um mundo de gente (professores militantes e não militantes; ruins e bons; camaradas e autoritários; carismáticos e "fechados" etc.; enfim, qual não é a diversidade de um universo que, segundo o MEC, tem cerca de 2,5 milhões de docentes?), mas a Escola sem Partido trata de identificar uma parte para transformá-la na representação de uma ameaçadora totalidade. Razão pela qual a realidade escolar, tal como representada pela Escola sem Partido, parece fruto de uma vigorosa imaginação, não porque seus artífices sejam incapazes de "flagrar" e "denunciar" casos específicos, "que realmente aconteceram". A realidade "ameaçadora" é imaginária porque eles imaginam (ou fingem) ver, no "flagra", o todo. Ora, uma qualificação possível para esse expediente imaginário (tomar a parte pelo todo, o predicado pelo sujeito) não seria, justamente, a de expediente ideológico? Não seria o site da Escola sem Partido, nesse sentido específico, uma espécie de cartilha ideológica e doutrinária?

A IDEOLOGIA DA DESCONTAMINAÇÃO

De toda forma, é importante não perder de vista que o site, e seus ideólogos, são realmente capazes de elaborar um eficiente vocabulário para dar força persuasiva aos seus argumentos ou às iniciativas de pais, alunos e simpatizantes dispostos ao "flagra" e à "denúncia". Por exemplo: o aluno é pensado como "audiência cativa"; outro exemplo: a tentativa de diferenciação, à luz do texto constitucional, entre "liberdade de expressão" de "liberdade de ensino-aprendizagem"; ainda outro exemplo: a chamada "ideologia de gênero", ou seja, o conjunto de ideias sobre "sexualidade" e "identidade" que corresponderiam, para a Escola sem Partido, a uma espécie de doutrinação contra a família cristã e contra a "identidade biológica" (entrar nesse debate sem que se esteja atento não apenas a esse vocabulário como à busca da ESP em fundamentá-lo à luz da Constituição certamente não será uma boa escolha).

Além de tudo isso, a Escola sem Partido também é dotada de certa astúcia quando traz para seu interior uma linguagem forjada até mesmo em setores progressistas da educação. Pois, se é bastante aceita a ideia de que a escola deveria ser capaz de formar "cidadãos conscientes", a ESP também representa o aluno ideal como um "cidadão consciente". Mas a astúcia está em reverter essa ideia a seu favor. Pois, se cidadão é um indivíduo titular de direitos, sempre cabe a ele a possibilidade de acionar o Judiciário na proteção dos seus direitos fundamentais. Num contexto em que a política se contrai e o Judiciário é investido de missão salvadora, a ESP procura investir o "aluno-cidadão" desse novo *ethos*.

Por tudo isso, suspeito que um motor central dessa organização seja o da instauração do Judiciário – mediante provocação de pais e alunos – como instância de controle e de tomadas de decisão sobre políticas educacionais, conteúdos escolares, comportamento docente etc. Seu paradigma seria o de repensar o próprio ambiente escolar como um espaço de lutas entre "vítimas" e "doutrinadores", logo, como um espaço a ser regido por um idealizado Judiciário, cujo pressuposto (ao menos na teoria) seria o da neutralidade e imparcialidade. De resto, a meta da organização é clara: seu objetivo é o de "descontaminar" (o termo "descontaminação" está no site, no ícone sobre os "objetivos da organização") o ambiente escolar pela intromissão de um agente externo e (supostamente) imparcial: o Ministério Público ou o juiz de Direito (aliás, não me parece mero acaso que o principal coordenador da Escola sem Partido – Miguel Nagib – seja, justamente, um advogado e procurador do estado de São Paulo).

SÓ DEUS SABE...

Mas gostaria de concluir minha tentativa de interpretação com um dado a que apenas de passagem fiz referência mais acima. Trata-se do fato de que a perversão da ideia de cidadania – cidadão consciente é aquele que flagra, produz provas, denuncia – se recobre de um fundo ora "privado e moral", ora "natural" (há certa confusão entre as duas esferas). Segundo os princípios defendidos no site, devem ser acionados judicialmente todos os professores e escolas que contrariem a moralidade privada de pais e alunos, a "identidade biológica" do aluno e o seu "natural desenvolvimento". Mas o que se entende, afinal, por moral (que me parece o ponto mais significativo)? Um texto do site explica: moral é inseparável de religião (por quê? Só Deus sabe...); no Brasil, a maioria é cristã; logo, a escola não deve abordar assuntos que contrariem a moralidade privada e cristã.

Como se percebe, é por sofismas como esses – encontrados no site em profusão – que, ao fim e ao cabo, a moralidade, orientada por uma concepção religiosa de mundo, é que deveria determinar o que pode ou não ser tematizado no ambiente escolar. Cito, a respeito, um excelente texto do Fernando Nicolazzi (professor de história na UFRGS): "Estamos diante de uma projeção do espaço familiar, ou seja, do âmbito privado, sobre o ambiente amplo da sociedade, onde a dimensão pública deve prevalecer como condição fundamental para as discussões sobre o bem comum e sobre a justiça social". E Fernando Nicolazzi conclui seu texto com esta pergunta: afinal, qual o partido da Escola sem Partido? Minha hipótese é esta: o partido da delação; se a judicialização, tal como pensada pela organização, vier a pautar nosso ambiente escolar, teremos que conviver, daqui para frente, com uma muito provável escola de delatores. Em outras palavras: na confusão geral em que estamos nos metendo, não é preciso ir longe nem ser muito perspicaz para perceber a tentativa de criação de uma institucionalidade que dê abrigo e legitimidade, ou que pelo menos "autorize", as paixões mais mesquinhas da sociedade, paixões obsessivas e persecutórias.

LEVANTAR ÂNCORA E SAIR DO LUGAR
Posto isto, de que modo poderíamos intervir, publicamente, nesse debate?

Minha sugestão: ampliar o espaço de discussão e de interlocução com atores sociais de diferentes áreas de atuação (da universidade e fora da universidade: jornalistas, artistas, associação de pais, estudantes secundaristas, OAB, SBPC etc.); com instituições que possam incluir até mesmo fundações ligadas ao setor educacional que, ainda que pertençam a espectros políticos/teóricos/educacionais/geracionais divergentes, possam ter algo em comum: a busca de um horizonte de sociabilidade (escolar, mas não somente) outro que este proposto pela Escola sem Partido. Qual outro horizonte seria esse? Penso que as próprias escolas e universidades, com suas experiências de avaliações e planejamento colegiadas (ainda que nem todas bem-sucedidas), possam indicar o ambiente mais propício de discussão e resolução de conflitos nos diversos ambientes escolares. Talvez os colegiados sejam um bom caminho para aqueles que ainda procuram instituir o "comum" das diferenças (das diferenças "na" diferença, ou seja, sem apagar as diferenças). Há algo da ordem da experiência, comum a muitos professores, que ainda pode ser uma via adequada para se forjar um vocabulário e repensar práticas contrapostas a uma projeção da vida escolar (eu diria, da própria vida social) como a da Escola sem Partido, enraizada numa crença securitária, policialesca e identitária.

A FORÇA DO PASSADO

Hebe Mattos,
20/06/2016[1]

A internet e as redes sociais, com destaque para o Facebook, tornaram-se um poderoso espaço de formação de opinião no Brasil. As chamadas "memórias" do Face me fizeram revisitar um publicação minha de 19 de junho de 2013, sobre o "Anonymous Brasil", "perfil" extremamente ativo durante as chamadas jornadas de junho de 2013.

> Os posts do Anonymous Brasil são simplesmente um horror... Por que o anonimato? Por que o chamado de tom moral com a palavra de ordem fascista "sem bandeiras partidárias" e "sem ideologia"? Mas, principalmente, por que tantos que não concordam com essa pauta (política e partidária, obviamente) compartilham seus conteúdos?

Em 2 de julho daquele ano, quando a Copa das Confederações finalmente terminava, eu refletia:

> Fim da Copa das Confederações. A democracia passou no teste. Ufa!... A chamada crise da representação existe em diversos níveis e é em alguma medida mundial. Quero, entretanto, manifestar meu incômodo, com uma certa cultura política de fundo autoritário, que tem predominado nas redes sociais, tanto à esquerda, quanto à direita. Ela

---

[1] Texto reescrito a partir de publicação no Blog Conversa de Historiadoras em 20/6/2016 (conversadehistoriadoras.com).

apresenta o adversário político, em geral bem eleito, muitas vezes em pleito majoritário, como um ser amoral, oportunista, muitas vezes simplesmente perverso (seus eleitores também o são ou então são ignorantes e manipulados). A tentação autoritária desse tipo de discurso é evidente, mas, felizmente, com algumas exceções assustadoras, parece reduzida à dimensão retórica, para ser lida apenas por aqueles que já concordavam antes com quem escreve. Felizmente, ao fim das contas, a polifonia das ruas ficou bem estabelecida. ... O fisiologismo foi para o corner. A crise de crescimento nas grandes cidades está no centro dos debates. Vamos ver se haverá reforma política.

Não tivemos reforma política, o fisiologismo saiu do corner e a democracia e a Constituição de 1988 estão sob ataque. As tentações autoritárias venceram?

Textos publicados neste livro, analisando a escalada reacionária que, desde então, se desenvolveu no país, atingindo inclusive os veículos tradicionais da chamada grande imprensa, estão na origem do movimento "Historiadores pela Democracia". O movimento reuniu alguns dos mais importantes historiadores do Brasil e do exterior e acabou por romper, ainda que para ser criticado, o cerco de silêncio da grande imprensa brasileira em torno do alentado movimento da sociedade civil de resistência ao governo interino e à forma como chegou ao poder. Como bem disse a presidenta Dilma, ultrapassaram a fronteira do estado de exceção. Acreditamos, porém, que a sociedade brasileira saberá responder com uma vibrante negativa à pergunta de Heloisa Starling, destacada no nosso vídeo manifesto:

Nós vamos mesmo abrir mão dos princípios das sociedades republicanas, princípios baseados na liberdade e na igualdade?

PARTE IV
O GOLPE DE 2016:
AS PRIMEIRAS INTERPRETAÇÕES

O GOVERNO INTERINO E A DISPUTA PELO LUGAR DO BRASIL NO MUNDO

Julho – A passagem da tocha olímpica pelas cidades brasileiras é marcada, com freqüência, por protestos contra o governo Temer, silenciados pela grande mídia.

06 de julho – José Serra, ministro das relações exteriores do governo interino, e o ex-presidente Fernando Henrique Cardoso vão a reunião do Mercosul no Uruguai para tentar impedir a Venezuela de assumir a presidência do bloco.

13 de julho – Jornal francês Le Monde publica manifesto de 28 deputados e senadores franceses denunciando o golpe parlamentar no Brasil e acusando o envolvimento da grande mídia na crise institucional. No mesmo dia, deputado democrata fez pronuciamento no Congresso norte-americano em que acusou o governo interino de minar a democracia, ao implementar políticas opostas àquelas vitoriosas nas eleições.

15 de julho – Tentativa de golpe militar na Turquia é reprimida com apoio da Rússia e dá oportunidade para extensa repressão da oposição, por parte do presidente Erdogan.

19 e 20 de julho – Tribunal Internacional pela Democracia julga o processo de impedimento da presidenta Dilma e sentencia que não se trata de processo constitucional, mas golpe de Estado.

25 de julho – Congressistas dos Estados Unidos dirigem carta a John Kerry, secretário de Estado, para pedir que o governo de Bara-

ck Obama não demonstre apoio ao governo interino no Brasil, por ocasião da vinda para a abertura das Olimpíadas.

28 de julho – Lula apresenta petição ao Comitê de Direitos Humanos da ONU afirmando ser vítima de violação de direitos humanos, em virtude de falta de imparcialidade e abuso de poder por parte do juiz federal Sérgio Moro e procuradores federais da Operação Lava Jato. Associação dos Magistrados Brasileiros repudia iniciativa de Lula, qualificando como tentativa de amordaçar a magistratura brasileira; grupo de juristas e advogados apoia o pedido do ex-presidente.

O GOLPE DE 2016 NA VIDA DAS MULHERES

*Ana Flávia Cernic Ramos e Glaucia Fraccaro,
10/07/2016*[1]

> Não se reconhece ainda, no Brasil, a capacidade social da mulher para o exercício do voto. As restrições que se lhe impõem na ordem civil têm um reflexo na ordem política. É certo que não existe em nossas leis uma exclusão expressa a esse respeito. Mas também o é que várias tentativas surgiram, na discussão do nosso pacto fundamental, para precisamente tornar expresso o direito do voto feminino sem que lograsse aprovação qualquer das emendas apresentadas. [...] A verdade é que prevalecem ainda, entre nós, considerações tradicionais ao lembrarem que a missão da mulher é mais doméstica do que pública, mais moral do que política [trecho do despacho do juiz Affonso José de Carvalho, 7/6/1922].

O documento acima é um trecho do despacho do juiz Affonso José de Carvalho diante do requerimento de alistamento eleitoral feito pela estudante de Direito Diva Nolf Nazario, em 1922.[2] A jovem reivindicava sua participação no processo eleitoral uma vez que a Constituição brasileira não expressava categoricamente a exclusão das mulheres dos direitos políticos no país. Em sua visão, portanto, a participação das mulheres como eleitoras estaria garan-

---

[1] Publicado no site "A Tal da Política" (ataldapolitica.tk).
[2] O despacho do juiz Affonso José de Carvalho, de 7/6/1922, está reproduzido em NAZARIO, Diva Nolf. *Voto feminino e feminismo*. São Paulo: Imprensa Oficial, 2009, p. 37-38.

tida. Contudo, essa não foi a interpretação dos que analisaram o seu caso. Apoiados em noções mais sociais que legislativas, que apontavam que a tarefa das mulheres era a doméstica e não a pública, todos os requerimentos eleitorais de Diva foram negados.

Uma década depois dos pedidos feitos pela estudante, a partir de muitas reuniões, campanhas públicas e organização política, foi finalmente incluído o direito das mulheres à participação eleitoral. E, menos de um século mais tarde, o mesmo Brasil iria eleger democraticamente, por voto direto e universal, a primeira mulher presidente da República. A chegada de Dilma Rousseff ao cargo majoritário mais importante da nação representava, enfim, um dos marcos fundamentais dessa longa, permanente e ainda inconclusa trajetória de lutas pela consolidação da cidadania política das mulheres.

NÃO SEM LUTA

A exemplo das conquistas obtidas pelo movimento feminista das primeiras décadas do século XX, as mulheres do nosso tempo reuniram importantes vitórias durante um governo de formato democrático e calcado em políticas sociais. Não sem luta, é claro. Foi preciso que centenas de milhares de mulheres rurais tomassem a Esplanada dos Ministérios com uma rigorosa pauta reivindicativa por direitos e acesso à renda e à terra. A organização política das mulheres nas conferências populares logrou a aprovação da Lei Maria da Penha, em 2006, e conquistou a criação da rede nacional de enfrentamento à violência, bem como a aprovação de uma emenda constitucional que deveria equiparar os direitos das trabalhadoras domésticas aos direitos dos demais trabalhadores. Muitas foram às ruas e bradaram "Fora Cunha" ao menor sinal de ameaça aos seus direitos que esse parlamentar passou a representar. Num constante embate, vimos ainda meninas secundaristas na linha de frente da mobilização estudantil no estado São Paulo, ocupando centenas de escolas para barrar um dos projetos mais retrógrados e destruidores da educação paulista encabeçado pelo tucano Geraldo Alckmin.

A criação da Secretaria de Políticas para as Mulheres, em 2003, foi uma ferramenta crucial para que o Estado reconhecesse a necessidade de medidas que promovessem ações de autonomia para as mulheres. Com isso, foi necessário desenvolver a perspectiva de que não bastaria coibir o mal que a violência de gênero representa para toda a sociedade, mas era preciso reconhecer que as mulheres necessitavam de autonomia para garantir suas próprias condições de vida. Essa constatação orientou algumas das mais importantes diretrizes para a distribuição de renda no país, como os programas Bolsa Família e Minha Casa, Minha Vida, que davam a elas preferência no recebimento dos benefícios. A luta por direitos e a existência de um governo permeável às demandas populares colaborou na ampliação da autonomia das mulheres. Entretanto, é fato, tais avanços não conseguiram subverter a perversa hierarquia entre mulheres e homens que organiza nossa existência e que se tornou uma arma poderosa nas mãos dos conservadores que apearam Dilma do poder.

UM GOLPE MISÓGINO NA DEMOCRACIA

Apesar dos importantes avanços na luta pelos direitos das mulheres no Brasil, alguns episódios do processo político que culminou no afastamento temporário da presidenta revelavam, por outro lado, o incômodo causado pelo crescimento da participação das mulheres no cenário político. Em meio a uma transmissão de debates parlamentares sobre a questão, por exemplo, ouviram-se berros de "Dilma, vá cuidar de casa". Novamente parecia que as forças institucionais intencionavam conduzir todas as mulheres ao espaço doméstico, tal como tentaram fazer com Diva Nazario.

As demonstrações de machismo somavam-se desde a campanha eleitoral de 2010, quando as críticas à candidatura e atuação de Dilma Rousseff como estadista em nada se assemelhavam ao que teriam passado outros, homens todos, comandantes do país. Nem mesmo nos momentos de maior rejeição popular foram produzidos adesivos para carro com a figura de Fernando Collor em posição proctológica. Ou então não se questionava o estado civil, nem o suposto respeito a ele devido, de Fernando Henrique Cardoso. Ninguém se embasbacava a com o pulso firme de Lula ao tomar decisões, populares ou não. Nenhum ditador brasileiro teria sido criticado com um uníssono "vai tomar" num estádio de futebol. Nunca se cogitou criticar um presidente da República por ele ser "duro demais com ministros". Não há memória de que os parlamentares da votação do impeachment de 1992 tenham evocado com tanta veemência suas famílias e os "bons costumes" para restaurar a política brasileira. Enfim, quando se pretende criticar Dilma recorre-se muitas vezes à sua condição de mulher. Para muitos dos parlamentares, Dilma na presidência representava um mundo no qual as coisas estavam "fora do lugar". Não foi à toa que a figura da "bela, recatada e do lar", forjada na imprensa através da imagem de Marcela Temer, esposa do vice-presidente, marcaria de forma indelével a derrubada de Dilma Rousseff do comando do país. A imprensa não deixava de reafirmar, a exemplo do juiz paulista de 1922, que o papel da mulher na sociedade deveria permanecer moral e doméstico.

Michel Temer, inconformado em estar nos bastidores, desacorçoado por ser tratado como o que era, a saber, um vice-presidente, anunciou o golpe que daria na chapa em que foi eleito numa missiva, que não se furtou a lances quase novelescos. A carta estampava queixas por não ser chamado para almoços com grandes estadistas e, nela, Temer se autodenominava um "vice decorativo", demonstrando assim seu profundo desconforto por estar sob o comando de uma mulher. Para dar cores mais dramáticas – e como se verificou, justificar a traição posterior no golpe de 2016 –, fugiu do diálogo direto com a presidenta, optando entre os variados meios de comunicação disponíveis, por uma "carta pessoal", mais doméstica do que pública, claro. A carta assim termina: "Sei que a senhora não tem confiança em mim e no PMDB, hoje, e não terá amanhã. Lamento, mas esta é a minha convicção". O que talvez Temer não tenha previsto é que sua missiva tornar-se-ia parte importante dos vestígios deixados sobre o golpe. Seu registro de "insatisfação" soaria mais como uma ameaça de conspiração do que a denúncia de uma injustiça. Em outras palavras, o vice declarava que daria o golpe, e a culpa seria da própria presidenta por nele não confiar.

DILMA ROUSSEFF PRECISA VOLTAR

Por ocasião da chorosa missiva, Temer defendeu o seu projeto político "Ponte para o Futuro". A intenção por detrás do gesto já havia sido denunciada por boa parte da esquerda brasileira, mas foi durante o seu governo interino e ilegítimo que chegou a confirmação de suas pretensões: barrar as investigações de corrupção que o tornaram um político inelegível (ainda que no comando do Brasil), reduzir direitos trabalhistas, enxugar os serviços de saúde pública e desmontar as políticas para as mulheres. O mesmo time que reivindicou a volta da presidenta para casa (e de boa parte das mulheres do país), que lhe enviou carta ressentida, que evocou um torturador sem alma de 1964, que promoveu adesivos indescritíveis, que a mandou tomar seja lá onde for, é aquele que pretende render o país do déficit financeiro esgotando políticas que tiraram milhões da miséria e incidiriam sob as desigualdades de classe, raça e gênero no Brasil. É esse o grupo que considera crime de responsabilidade passível de cassação de mandato a aplicação de dinheiro em políticas sociais. A indexação do salário mínimo resultou em 76% de aumento real dos ganhos de uma camada social que tinha renda baixíssima até o início do governo Lula, camada essa composta, sobretudo, por mulheres negras, parte delas no serviço doméstico. O Estado não é neutro na agenda e pode impulsionar políticas, inclusive econômicas, de forma a remediar desigualdades, embora tudo isso tenha sido, recentemente, interpretado como uma ação política criminosa.

A volta de Dilma é mister. Ela foi eleita por 54 milhões de votos, dirigiu as principais políticas sociais que retiraram muitas mulheres da pobreza absoluta e de situações de violência. E só ela pode colocar em prática o projeto eleito pelo povo em 2014. Sua volta representará também a derrota da lógica patriarcal que, no trabalho, na imprensa, na família e na vida se esforça por confinar as mulheres em casa e cassa a autonomia delas todos os dias. Mesmo antes de Diva Nazario e até os tempos de Dilma Rousseff, as mulheres vivem em guerra com sua própria sina. Dessa guerra, elas entendem muito bem. E não vão renunciar a ela enquanto não vencerem. Seguirão assim, até que todas sejam livres!

ENTRE 2013 E 2016, DAS "JORNADAS DE JUNHO" AO GOLPE

*Kátia Gerab Baggio,
14/7/2016*[1]

Estamos sendo bombardeados, diariamente, por irrupções de ódios e intolerâncias. Algo que sempre existiu na sociedade brasileira, mas que se mantinha, nas últimas décadas, pós-ditadura, de uma maneira mais ou menos subterrânea. Contudo, tudo isso emergiu de uma forma avassaladora e brutal: racismo, machismo, homofobia, intolerância religiosa, extremismos políticos (de direita e de esquerda), agressões e violências verbais (virtuais e presenciais).

Quando as "jornadas de junho" de 2013 ocorreram, rapidamente foi possível observar os radicalismos que estavam vindo à tona, à esquerda e à direita. Os coquetéis *molotov* lançados contra o prédio da Alerj e no Palácio Itamaraty, o ataque à entrada do prédio da Prefeitura de São Paulo – no primeiro semestre da gestão de Fernando Haddad (PT), vale lembrar –, ou integrantes da UNEafro e partidos de esquerda sendo agredidos na avenida Paulista, muito do que ocorria nas ruas, naqueles dias efervescentes, mostrava-se extremamente preocupante.

Ações extremistas que ocorreram em 2013 e nos movimentos contra a Copa, em 2014, abriram uma espécie de panela de pressão em que todos os extremismos e revoltas vieram à tona. A sensação era a de que, finalmente, poderiam ter lugar e espaço. Sem limites. Ou quase sem limites.

---

1   Enviado para publicação neste livro.

Os resultados dessa intensa mobilização foram, por um lado, um importante crescimento da consciência política e da valorização dos coletivos por uma parcela da juventude. E, por outro, um avanço dos extremismos e, acima de tudo, da direita extremista.

O radicalismo de uma parte minoritária das esquerdas nas manifestações que se iniciaram em junho de 2013, e que se estenderam, com maior ou menor ímpeto, até o período da Copa do Mundo, em 2014 – particularmente os autodenominados *black blocs*, que praticamente desapareceram das ruas a partir do fortalecimento das ações golpistas contra o governo Dilma e o Partido dos Trabalhadores, ao longo de 2015 – contribuiu para "libertar" das sombras uma direita raivosa que agora está à vista de todos, sem pudores e (quase) sem limites.

Mas a emergência desavergonhada de uma direita reacionária e extremista, com viés fascista, foi, fundamentalmente, efeito da reação aos 13 anos de governos liderados por presidentes petistas. O uso da internet e das redes sociais digitais também contribuiu enormemente para o fortalecimento desses radicalismos, que se organizam e se expressam pelas redes.

Em artigo publicado no portal *Outras Palavras*, em 25 de junho de 2013, seu editor, Antonio Martins, afirmou:

> A partir de 15 de junho, este movimento [as manifestações de rua iniciadas pelo Movimento Passe Livre [MPL], que luta pela melhoria e gratuidade do transporte público] sofreu uma interferência que pode paralisá-lo ou inverter seu sentido. A mídia e os partidos à direita do PT, que até então o demonizavam e reprimiam, fizeram um grande giro tático. Passaram a turbiná-lo, ao mesmo tempo em que tentam capturá-lo. Procuram esvaziar a reivindicação de direitos e igualdade (ou seja, seu caráter "perigoso" de crítica social) e suscitar, em seu lugar, a luta genérica "contra a corrupção". Ao fazê-lo tentam, ao mesmo tempo, voltar o movimento contra

os governos de esquerda. Tirá-los do poder, seja de que modo for, é algo que, nos últimos dez anos, nunca saiu da agenda da direita. Esta tentativa de captura é poderosa, porque a mídia de massas, embora desgastada e em declínio, ainda tem enorme influência no Brasil.[2]

É importante deixar claro que o MPL não tem relação alguma com essa trama golpista. O movimento foi fundado durante o Fórum Social Mundial de 2005, em Porto Alegre, tendo sua origem na campanha pelo Passe Livre de Florianópolis, iniciada em 2000.[3]

No mesmo artigo já citado, Antonio Martins observou, acerca da presença intensa de provocadores nas manifestações de junho de 2013:

> A ação que eles desenvolvem – radicalizar artificialmente os movimentos, para justificar a "restauração [autoritária] da ordem" – é típica em golpes de Estado na América Latina, como o do Brasil (1964) e Chile (1973). Além disso, as manifestações de quinta-feira (20/6) tiveram a presença ostensiva de *skinheads* e de grupos que agrediram militantes de esquerda. Neste dia, a TV Globo quebrou um tabu e deixou de transmitir todas as suas novelas, para "cobrir" as manifestações de maneira distorcida, em seu esforço para capturá-las. [...] A tentativa de golpe vai se intensificar nos próximos meses.

---

2   MARTINS, Antonio. Primavera Brasileira ou golpe de direita? *Outras Palavras*. Comunicação Compartilhada e Pós-capitalismo. 25/6/2013. Disponível em: <http://outraspalavras.net/brasil/primavera-ou-golpe-tudo/>. Acesso em: 12. jul. 2016.

3   Entrevista com Marcelo Pomar, um dos fundadores do MPL, em que ele sintetiza as origens e a história do movimento. Cf.: Fundador do MPL fala sobre o movimento, as jornadas de junho e o Tarifa Zero. Brasil de Fato, 25/7/2013. Disponível em: <http://antigo.brasildefato.com.br/node/13683>. Acesso em: 12. jul. 2016.

Em 2013, o grito de "Fora Dilma" já aparecia nas manifestações de rua. E era incentivado pela "grande" mídia liberal-conservadora e antipetista.

Recordo-me de que – em um momento de aflição –, ao escrever na minha página no Facebook, na noite de 20 de junho de 2013, em que o Palácio Itamaraty, em Brasília, foi atacado, poderia estar sendo armada, no Brasil, uma tentativa de golpe de Estado; a quase totalidade das pessoas que comentaram meu *post* consideraram que minhas preocupações eram desmedidas, que eu estava completamente equivocada. Quase três anos depois, em 17 de abril de 2016, na Praça da Estação, em Belo Horizonte, ao acompanhar a votação do impeachment da presidenta Dilma na Câmara dos Deputados, um ex-aluno, que encontrei naquela noite, me disse: "Você havia previsto um golpe em 2013, e eu não acreditei..."

Em junho de 2013 também ocorreram as manifestações contra a Proposta de Emenda à Constituição 37/2011. Caso aprovada, a PEC 37 determinaria que o poder de investigação criminal seria exclusivo da Polícia Federal e polícias civis dos estados, retirando esta atribuição do Ministério Público. Participaram da campanha contra a PEC 37 associações de procuradores e membros do MP. A PEC foi rejeitada em sessão da Câmara dos Deputados por 430 votos contrários e apenas nove favoráveis, além de duas abstenções, no dia 25 de junho de 2013, sob forte pressão da mídia e das manifestações ocorridas naquele mês.

Vale registrar algo que tem sido, na minha avaliação, pouco ressaltado. Poucos dias antes da rejeição da PEC 37 na Câmara, em 18 de junho, foi publicado, no YouTube, um vídeo do autointitulado "Anonymous Brasil".

E o que continha o vídeo de 1:45 minutos? "As cinco causas!"

Após uma voz masculina, de alguém com a máscara estilizada de Guy Fawkes, do "V de Vingança" – adotada pelo Anonymous –, afirmar que "só a diminuição do valor das passagens de transporte público não nos satisfazem" e "vamos todos levantar causas de cunho moral que são unanimemente aceitas", enuncia as "cinco causas":

> 1 - Não à PEC 37.
>
> 2 - Saída imediata de Renan Calheiros da presidência do Congresso Nacional.
>
> 3 - Imediata investigação e punição de irregularidades nas obras da Copa, pela Polícia Federal e Ministério Público Federal.
>
> 4 - Queremos uma lei que torne corrupção no Congresso crime hediondo.
>
> 5 - Fim do foro privilegiado pois ele é um ultraje ao Artigo 5º da nossa Constituição!

O vídeo termina com o famoso verso do Hino Nacional: "Verás que um filho teu não foge à luta!" e com a imagem da bandeira do Brasil com a hashtag #mudabrasil.[4]

Dois dias depois, Jorge Antonio Barros divulgou as "cinco causas" e o vídeo do "Anonymous Brasil" no site do jornal *O Globo*, no blog do Ancelmo. Assim foi escrita a apresentação das "cinco causas" e do vídeo:

> Um vídeo assinado pelo movimento Anonymous Brasil – que luta pela moralização na política – já bateu a marca de 1 milhão e 194 mil acessos ao YouTube. A produção, com locução feita por voz distorcida e uma música que deve dar arrepios em políticos corruptos, apresenta a ideia de cinco causas principais para não dispersar a onda de protestos nas ruas.[5]

---

4 Este vídeo do "Anonymous Brasil" está disponível em <www.youtube.com/watch?v=v5iSn76I2xs>. Acesso em: 13. jul. 2016. Consta, no YouTube, que o vídeo teve, até a manhã de 13 de julho de 2016, 1.835.835 visualizações.

5 Cf.: BARROS, Jorge Antonio. As cinco causas do Anonymous Brasil. Disponível em: <http://blogs.oglobo.globo.com/ancelmo/post/as-cinco-

Além de *O Globo*, outros veículos de mídia divulgaram as "cinco causas" e o vídeo do "Anonymous Brasil" nos dias que se seguiram.

Quem publicou este vídeo no YouTube? Alguém consegue supor que um grupo de jovens, possivelmente "anarquistas", indignados com a corrupção, publicou, "espontaneamente", este vídeo, com estas causas? Especificamente estas?

Não é difícil constatar que os interessados diretos na publicação e divulgação das "cinco causas" e do vídeo foram procuradores do Ministério Público Federal.

Minha hipótese, obviamente, é que muitas das pautas de junho de 2013 – apenas alguns dias depois do início das manifestações iniciadas pelo MPL – foram intencionalmente estimuladas por setores do MPF e da mídia oligopolista e antipetista.

Vale registrar que, segundo o site do próprio MPF, no mês seguinte, em julho de 2013, teve início o monitoramento das conversas do doleiro Carlos Habib Chater, cuja investigação foi denominada Operação Lava Jato, nome que passou a ser utilizado para todas as investigações correlacionadas com as ações criminosas de doleiros que atuavam no Paraná e acerca dos esquemas de corrupção descobertos na Petrobras. Além disso, afirma-se que

> a Lava Jato começou em 2009 com a investigação de crimes de lavagem de recursos relacionados ao ex-deputado federal José Janene, em Londrina, no Paraná. Além do ex-deputado, estavam envolvidos nos crimes os doleiros Alberto Youssef e Carlos Habib Chater. Alberto Youssef era um antigo conhecido dos procuradores da República e policiais federais. Ele já havia sido investigado e processado por crimes contra o sistema financeiro nacional e de lavagem de dinheiro no caso Banestado.[6]

-causas-do-anonymous-brasil-500666.html>. Acesso em: 13. jul. 2016.

6   Cf.: MPF – Caso Lava Jato. Disponível em: <http://lavajato.mpf.mp.br/atuacao-na-1a-instancia/investigacao/historico/por-onde-comecou>.

Em março de 2014, como se sabe, foi deflagrada a primeira fase ostensiva da operação.

Pode-se questionar, conforme faz o jornalista Luis Nassif, em artigo publicado no portal *GGN* em 9 de março deste ano – intitulado "Lava Jato: tudo começou em junho de 2013" –, que "até hoje a Lava Jato não revelou como chegou às primeiras informações sobre a Petrobras, que permitiram expandir a operação para todo o país."

A hipótese de Nassif é que as informações sobre os esquemas de corrupção dentro da Petrobras teriam chegado ao MPF em razão de cooperação internacional:

> O ponto de partida foram as manifestações de junho de 2013, que deixaram claro que o Brasil estava preparado para a sua "Primavera", a exemplo das que ocorreram nos países árabes e do leste europeu. Essa possibilidade alertou organismos de outros países, como o próprio FBI, e acendeu alerta na Cooperação Internacional – a organização informal de procuradores e polícias federais de vários países, que se articularam a partir de 2002 para combate ao crime organizado.[7]

As manifestações de 2013 "teriam comprovado que a opinião pública brasileira estaria suficientemente madura para apoiar ações anticorrupção".

Vale lembrar que, no dia 5 de junho de 2013, o jornalista norte-americano Glenn Greenwald começou a publicar, em importantes jornais e revistas do mundo – como *The Guardian*, *The New York Times*, *The Washington Post* e *Der Spiegel* –, matérias sobre a vigilância eletrônica global dos Estados Unidos, baseadas em documentos da Agência de Segurança Nacional dos Estados Unidos (Na-

---

Acesso em: 13 jul. 2016.

[7] NASSIF, Luis. Lava Jato: tudo começou em junho de 2013. Disponível em: http://jornalggn.com.br/noticia/lava-jato-tudo-comecou-em-junho-de-2013 (acesso em 13/07/2016).

tional Security Agency – NSA), vazados pelo ex-técnico da agência Edward Snowden. Segundo o próprio Snowden, ele também havia trabalhado para a CIA, a Agência Central de Inteligência norte-americana. Ficou-se sabendo, pelas revelações de Snowden, que a NSA havia espionado não só a Petrobras como a própria presidente Dilma Rousseff.

E o próprio procurador-geral da República, Rodrigo Janot, esteve, por duas vezes, nos Estados Unidos, acompanhado de integrantes da força-tarefa da Operação Lava Jato, em atividades de cooperação. Em fevereiro de 2015, segundo matéria publicada no G1 – site do Grupo Globo –, Janot iria participar de "reuniões no Banco Mundial, no Departamento de Justiça, na Agência Federal de Investigação (FBI) e na Organização dos Estados Americanos (OEA)", além de colaborar com as investigações do Judiciário norte-americano contra a Petrobras (*sic*).[8] O procurador-geral da República do Brasil foi aos Estados Unidos colaborar com uma investigação da Justiça norte-americana contra uma estatal brasileira, a mais importante estatal do seu país. E, segundo o que se lê na matéria do G1, esse fato parece absolutamente normal. Alguém imagina que o contrário pudesse acontecer?

Segundo Luis Nassif, na segunda viagem aos Estados Unidos, Janot trouxe informações que atingiram a Eletronuclear, "depois de encontro com advogada do Departamento de Justiça ligada a escritório de advocacia que atende o segmento nuclear por lá".

Mas as conexões, já sintetizadas, entre esses acontecimentos – que não podem, a esta altura dos acontecimentos, ser consideradas frutos de uma "teoria da conspiração", principalmente para quem conhece a história da política externa e do papel da CIA em

---

[8] Janot chega aos Estados Unidos com força-tarefa da Operação Lava Jato. Disponível em: <http://g1.globo.com/politica/operacao-lava-jato/noticia/2015/02/janot-chega-aos-estados-unidos-com-forca-tarefa-da--operacao-lava-jato.html>. Acesso em: 13 jul. 2016.

processos de desestabilização e golpes de Estado em vários países do mundo – não contêm tudo o que se sabe até agora. Há mais.

Existem ligações estreitas, comprovadas, entre brasileiros ultraliberais que lideraram a mobilização pró-impeachment da presidenta Dilma – jovens e não tão jovens – com organizações norte-americanas.

Uma consistente matéria da jornalista Marina Amaral, publicada na agência *Pública*, em 23 de junho de 2015, demonstra claramente os vínculos entre a organização ultraliberal norte-americana Atlas Network com organizações brasileiras como o Instituto Millenium, Instituto de Estudos Empresariais – que promove anualmente o Fórum da Liberdade, desde 1988 –, Instituto Liberal, Instituto Ludwig von Mises Brasil, Estudantes pela Liberdade, entre outras. O Movimento Brasil Livre (MBL) – que, como se sabe, teve destacada atuação na organização dos atos a favor do impeachment da presidenta Dilma – tem origem no Students for Liberty, fundado em 2008 na Columbia University, que tem, como "missão", "empoderar jovens estudantes liberais" ou líderes estudantis "libertários". Vale registrar que Kim Kataguiri, o mais conhecido nome do MBL, é membro e foi treinado pela Students for Liberty. Obviamente, o sentido da palavra "libertário" não se vincula ao que lhe foi dado, historicamente, pelo movimento anarquista, mas ao sentido que lhe dá os movimentos ultraliberais, a partir das concepções econômicas de Milton Friedman e da Escola Econômica de Chicago, ou de Ludwig von Mises, Friedrich Hayek e a chamada "Escola Austríaca". A Atlas Network promove programas de treinamento, cursos e apoio financeiro para formar jovens lideranças do "movimento pela liberdade" em todos os continentes. Entre seus financiadores e apoiadores estão fundações e grandes corporações, como o Google. Seu presidente desde 1991, conhecido como Alex Chafuen, é Alejandro A. Chafuen, argentino radicado nos Estados Unidos – ligado à Opus Dei e simpatizante do Tea Party, tendência ultraliberal dentro do Partido Republicano –, que também é o presidente e fundador do Hispanic American Center of Economic Research. Vale registrar que, conforme mostra a matéria da *Pública*, Chafuen estava presente no ato pró-impeachment de Dilma, em Porto Alegre, no dia 12 de abril de 2015.[9] Entre os patrocinadores da Atlas Network também estão os irmãos Koch, bilionários norte-americanos cujas empresas atuam, entre outros setores, com petróleo e gás.[10]

A parceria do Instituto Millenium com a Atlas Network revela os vínculos do *think tank* norte-americano com a mídia corporativa brasileira. Entre os mantenedores e parceiros do Instituto Millenium estão o grupo Abril, o Grupo Oesp e o Grupo RBS (filiado à Rede Globo em Santa Catarina e no Rio Grande do Sul). Entre os integrantes da "Câmara de Mantenedores", estão João Roberto Marinho (Grupo Globo) e Nelson Sirotsky (Grupo RBS).[11]

Os interesses econômicos e geopolíticos dos Estados Unidos, e de suas gigantescas corporações, norteiam, evidentemente, a ação dos seus governos e organizações nas suas relações com outros países. Foi e continua sendo assim. As significativas reservas de petróleo da camada pré-sal na costa brasileira e a preocupação com o papel econômico e geopolítico dos BRICS estão entre os fatores que

---

9   AMARAL, Marina. A nova roupa da direita. *Pública*, 23/6/2015. Disponível em: <http://apublica.org/2015/06/a-nova-roupa-da-direita/>. Acesso em: 13 jul. 2016. No site da Atlas Network, consta a lista de *partners* que o *think tank* norte-americano possui em todos os continentes, inclusive na América Latina. Disponível em: <www.atlasnetwork.org/partners/global-directory> e <www.atlasnetwork.org/partners/global-directory/latin-america-and-caribbean/>. Acesso em: 13 jul. 2016.

10 Sobre os irmãos Koch, suas empresas e as conexões com os movimentos pelo impeachment da presidente Dilma Rousseff, ver a matéria de Antonio Luiz M. C. Costa publicada na revista CartaCapital em 23/03/2015: "Quem são os irmãos Koch?". Disponível em: http://www.cartacapital.com.br/politica/quem-sao-os-irmaos-koch-2894.html

11 As informações sobre os mantenedores do Instituto Millenium estão no próprio site do instituto: http://www.institutomillenium.org.br/institucional/parceiros/ e http://www.institutomillenium.org.br/institucional/quem-somos/

explicam as ações de vigilância da NSA e a atuação de *think tanks* norte-americanos no Brasil.

Muitos analistas da geopolítica e dos conflitos internacionais nos últimos anos já observaram a sequência de estratégias de *regime change* implementadas em vários países e regiões do mundo, especialmente no Oriente Médio e no norte da África, ricos em petróleo. Ações de desestabilização foram realizadas, a partir da década passada, em países como o Iraque, a Líbia e a Síria, além da Ucrânia, cujos governos não eram alinhados com os Estados Unidos e o chamado "Ocidente". Uma das estratégias mais recorrentes é insuflar a população a partir do descontentamento crescente com a corrupção de governantes, políticos e partidos.

Sobre as estratégias de *regime change*, há um interessante documentário, intitulado *The revolution business*, produzido pela Journeyman Pictures, uma distribuidora e coprodutora com sede na Inglaterra, fundada por Mark Stucke, que foi, por anos, repórter em zonas de guerra e conflitos. Ao assisti-lo, perde-se qualquer ilusão de que manifestações de oposição a governos não alinhados com os Estados Unidos ou o "Ocidente", ditatoriais ou democráticos, nos últimos anos, tenham sido meramente "espontâneas". As entrevistas feitas no documentário mostram que existem, em vários países, organizações e pessoas que se especializaram em auxiliar e estimular as chamadas "revoluções coloridas" ou "primaveras", que ocorreram em vários países desde o início deste século. Os próprios integrantes de algumas dessas organizações são entrevistados, assumindo suas práticas e o recebimento de recursos vindos dos Estados Unidos.

Um dos entrevistados no documentário é William Engdahl, economista norte-americano que publicou um artigo na revista *New Eastern Outlook* (NEO), intitulado "BRICS' Brazil President Next Washington Target", em 18 de novembro de 2014.[12] Nesse tex-

---

12 ENGDAHL, William. BRICS' Brazil president Next Washington target. *New Eastern Outlook* (NEO). Disponível em: <http://journal-neo.org/2014/11/18/brics-brazil-president-next-washington-target/>. Aces-

to, Engdahl afirma que a presidente Dilma estava sendo vítima de ações de desestabilização apoiadas ou patrocinadas pelos Estados Unidos.

Em um trecho do documentário *The revolution business*, acima citado, um dos entrevistados afirma, ao se referir a um *game* que simula ações de *regime change*: "Se quiser jogar num cenário fácil, recomendo lutar contra a corrupção".[13]

Todas essas reflexões, de brasileiros e estrangeiros, seriam frutos, meramente, de uma "teoria da conspiração"?

Assim se pensou, durante muito tempo, em relação à planejada intervenção militar dos Estados Unidos em apoio ao golpe civil-militar de 1964, caso fosse necessária para assegurar o sucesso da derrubada do governo de João Goulart. Sabemos hoje que a "Operação Brother Sam" efetivamente existiu.

Os brasileiros têm assistido, desde junho de 2013, a aulas intensivas de política e sociologia. E estamos vivenciando, com certeza, um dos momentos mais marcantes e cruciais da história republicana brasileira. Que a democracia sobreviva a este duro golpe.

---

so em: 13 jul. 2016. Há uma versão em português desse artigo, publicada em: <https://luizmullerpt.wordpress.com/2015/03/01/eua-ja-agem-para-derrubar-dilma-rousseff-por-f-william-engdahl-na-revista-americana-neo/>. Acesso em: 13. jul. 2016. Há, também, um vídeo, disponível na internet, em que é lida a versão do artigo de Engdahl em português. Disponível em: <www.youtube.com/watch?v=tkYATwjAwJk>. Acesso em: 13. jul. 2016.

13 *The Revolution business*. Disponível em: <http://docverdade.blogspot.com.br/2016/03/o-negocio-da-revolucao-revolution.html>. Acesso em: 13. jul. 2016.

Adriano Kitani, 2013.

NO BRASIL, O GOLPE DE ESTADO COMO DRAMATURGIA CLÁSSICA

*Laurent Vidal,
14/07/2016[1]*

Ao inaugurar, no último 5 de julho, a Vila Olímpica do Rio, o presidente em exercício do Brasil, Michel Temer, fez um apelo à "pacificação do país", além de desejar que esses jogos mostrem "ao mundo uma nação de democracia consolidada". O espetáculo das Olimpíadas serviria a depositar um bálsamo apaziguante numa nação ferida? A pergunta é pertinente, no momento em que Dilma Rousseff e seus apoiadores buscam um segundo sopro, enquanto repetem incansavelmente que seu afastamento provisório nada mais é que um golpe de Estado.

O uso dessa expressão pode soar estranho, já que o processo respeitou, passo a passo, o quadro constitucional e recebeu aval do Supremo Tribunal Federal. Isso inclusive levou *Le Monde* a publicar um editorial categórico, no último 30 de março: "Isto não é golpe de Estado". É verdade que diante dos golpes de Estado registrados na Europa e na América Latina nos séculos XIX e XX, a imagem fixada de um golpe é a da conquista do poder por uma ação violenta e por meios ilegais, geralmente, inconstitucionais, cuja caricatura está descrita em *Tintin e os pícaros*. O que está acontecendo no Brasil não é sequer comparável a essa imagem, como o assinalou, com justiça, *Le Monde*: "O que acontece agora nada tem a ver com as ditaduras militares apoiadas pela CIA". Mas será que isso encerra o debate sobre o tema? Não, muito pelo contrário.

---

[1] Traduzido do original em francês publicado no *Le Monde* (*Le Monde*, 14. jul. 2016).

Mas, por isso, precisamos recorrer à história, voltando à origem da expressão "golpe de Estado". Registrada em 1598 para qualificar uma "ação política útil ao bem do Estado", a expressão é contemporânea do advento das monarquias modernas. Em 1639, o bibliotecário Gabriel Naudé (1600-1653) escreveu as *Considérations politiques sur les coups d'Etat* (Considerações políticas sobre golpes de Estado). Ele associa o termo às "ações ousadas e excepcionais que os príncipes são obrigados a implementar diante de situações difíceis e desesperadas, contra o direito natural". Essas ações se justificariam pela "prudência extraordinária", que priorizaria a manutenção da integridade do Estado, e na capacidade dos políticos de desfechar suas ações rápida e sigilosamente: "Nos golpes de Estado, as Matinas são rezadas antes dos sinos serem tocados, a execução antecede a sentença". Ao evocar "com que precauções e em que ocasiões praticar uma golpe de Estado", Naudé não se esquece de destacar o uso de "certas estratagemas, astúcias e desvios dos quais se serviram e se servem, sempre, para alcançar suas pretensões". O golpe de Estado seria assim levado a cabo por um ator capaz de avançar mascarado no teatro do mundo.

É em 1684 que o acadêmico Antoine de Furetière (1619-1688) incorpora a expressão *coup d'Etat* a seu dicionário, para descrever, desta vez, uma "ação heroica, ousada e excepcional, para o bem ou para o mal". Ela dá como exemplo "a tomada de La Rochelle" (cidade calvinista que resistia às pretensões da França católica). O mesmo cardeal Richelieu, responsável por organizar o cerco e a tomada de La Rochelle, em 1628, seria o personagem principal do Dia dos Tolos (10 de novembro de 1630), quando uma disputa política digna de enredo de *vaudeville* culminou com o rei Luís XIII afastando todos os inimigos e detratores de seu ministro Richelieu, entre eles a rainha mãe, Maria de Médicis, condenada ao exílio. O cardeal passou a ser o único encarregado de conduzir os assuntos do reino. No século XVII, o golpe de Estado é, assim, uma dramaturgia que remete a uma teatralização do poder.

A TRAGÉDIA DO *GRAND SIÈCLE*

É sob essa luz que devemos analisar o que acontece agora no Brasil, onde encontramos todos os ingredientes de uma tragédia do *Grand Siècle* (o século XVII, considerado época de ouro da História da França).

Em primeiro lugar, a "dramatização", iniciada pelos textos e imagens que a grande imprensa (*Globo* e *Veja*, especialmente) utilizou, a partir da reeleição de Dilma Rousseff (outubro de 2014), para traçar o retrato de um país entregue a um partido populista e corrupto, defendendo um modelo arcaico de desenvolvimento que manietava a economia enquanto distribuía generosamente bolsas e direitos sociais aos mais pobres. O argumento da "prudência extraordinária", veio em seguida, para justificar, em nome do interesse maior do país, a deposição do partido que dilapidou a riqueza nacional. Não falta, também, a "astúcia", já que os argumentos apresentados no processo de impeachment passam longe de expressar as razões profundas dessa iniciativa. O "crime de responsabilidade" que deve estar caracterizado para ensejar esse tipo de processo, teria que ter sido cometido no mandato em curso. O primeiro pedido de impeachment contra Dilma foi apresentado apenas um mês e meio após sua reeleição. Entra em cena, enfim, "o segredo": a divulgação recente de conversas grampeadas dos principais caciques do PMDB – antigo aliado do PT e hoje à frente dos principais postos de poder no Brasil – revela a intenção de encerrar as investigações sobre a corrupção para evitar a implosão do sistema. Nessas gravações, o ex-presidente da República José Sarney afirma: "A classe política está arruinada. É o salve-se quem puder". E, evocando o juiz anticorrupção, Sérgio Moro: "O cara agora seguiu aquela estratégia de deslegitimizar as coisas. Agora não tem ninguém mais legítimo pra falar mais nada. [...] E o Supremo fez essa [...] suprema: rasgou a Constituição". Até o ministro da Transparência do governo Temer foi obrigado a pedir demissão, por ter ajudado o presidente do Senado a escapar de um inquérito.

O que está em curso no Brasil é o ressurgimento de uma forma clássica de golpe de Estado. E pode-se dizer, com o dramaturgo Corneille (1606-1684), que neste sistema político sem fôlego "jamais golpe de Estado foi melhor empreendido" (*A morte de Pompeu*).

ANEXO

Tumblr Historiadores Pela Democracia (http://historiadorespelademocracia.tumblr.com/): depoimentos em video, com mensagens à Presidenta Dilma Rousseff e em defesa do estado democrático de direito.

No tumblr Historiadores Pela Democracia, ou na versão online deste livro, clique no nome para ver o video e confira também o nosso video manifesto.

Alguns dos mais experientes profissionais do nosso ofício, professores universitários e jovens profissionais do ensino estão aqui reunidos em uma verdadeira aula de história.

James Green/ Brown University e Leitura da moção da LASA repudiando o processo anti-democrático em curso no Brasil, LASA, Latin American Studies Association, Nova York, 2016.

Laura de Mello e Souza/ Cátedra de História do Brasil/ Université Sorbonne_Paris IV.

Sidney Chalhoub/ (por e-mail)/ Querida Presidenta Dilma, O Brasil não inventou o golpe "legal", mas em nosso país a farsa é mais profunda e descarada. Um legislativo venal e um judiciário partidarizado insistem em cassar 54 milhões de votos. O golpe representa a força do passado na sociedade brasileira. As suas bandeiras são o privilégio de classe, a misoginia, o racismo e a corrupção. Resistir é afirmar os valores da democracia e da justiça social. Por isso seguiremos o seu exemplo: enquanto houver golpe, haverá resistência. Sidney Chalhoub, Professor de História do Brasil, Harvard University.

Claudia Viscardi/ Professora Titular do Departamento de História da UFJF

Durval Muniz de Albuquerque Jr/ Professor Titular da UFRGN

Gizlene Neder/ Professora Titular da UFF

Hebe Mattos/ Professora Titular de História do Brasil da UFF/ Blog Conversa de Historiadoras

Heloísa Starling/ Professora Titular da UFMG

Isabel Lustosa/ Casa de Rui Barbosa

Joana Maria Pedro/ Professora Titular da UFSC

João Fragoso/ Professor Titular da UFRJ

Jurandir Malerba/ Professor no PPGH (Programa de Pós-Graduação em História) da UFRGS

Lilia Schwarcz/ Professora TItular de Antropologia da USP

Luiz Carlos Soares/ Professor Titular de História Moderna e Contemporânea da UFF

Marcus Carvalho/ Professor Titular da UFPE

Martha Abreu/ Professora Titular da UFF/Blog Conversa de Historiadoras

Regina Horta Duarte/ Professora Titular de História do Brasil da UFMG

Tom Gil/ Professor Titular de História da América Latina da UFES

Adriana Facina/Historiadora e Antropóloga do Museu Nacional/ UFRJ

Alexandre Moraes/ Departamento de História da UFF

Alexsander Gebara/ Professor Associado de História da África da UFF

Américo Freire/ CPDOC/FGV/Rio de Janeiro

Ana Flávia Magalhães Pinto/ Doutora em História pela UNICAMP/ Blog Conversa de Historiadoras

Ana Flavia Ramos/ Departamento de História da Universidade Federal de Urbelância

André Honor/ Professor de História da UNB

Andrea Casa Nova Maia/ Professora do Instituto de História da UFRJ

Andréa Lisly/ Departamento de História da UFOP

Anita Almeida/ Departamento de História da UNIRIO

Anita Lucchesi/ Doutoranda Universidade de Luxemburgo

Anna Gicelle Garcia Alaniz/ Doutora em História pela USP

Artur Costa/ Mestrando em História – Universidade Federal de Urbelândia

Beatriz Mamigonian/ Departamento de História da UFSC

Benito Schmidt/ Departamento de História da UFRGS e ex-presidente da ANPUH

Carla Rodeghero/Departamento de História da UFRGS

Carlos Mizael/Professor de História

Caroline Silveira Bauer/ Departamento de História da UFRGS

Cecilia Azevedo/ PPGH da Universidade Federal Fluminense

Célia Tavares/ Faculdade de Formação de Professores da UERJ

Claudio Batalha/ Departamento de História da UNICAMP

Cristina Scheibe Wolff/ Departamento de História da UFSC

Denilson Botelho/ Departamento de História da UNIFESP

Du Meinberg Maranhão/ Presidente da Associação Brasileira de História das Religiões

Dulce Pandolfi/ CPDOC/FGV/Rio de Janeiro

Fabiane Popinigis/ Departamento de História da UFRRJ

Fernando Nicolazzi/ Departamento de História da UFRGS

Fernando Teixeira da Silva/ Departamento de História da UNICAMP

Flávio Limoncic/ Departamento de História da UNIRIO

Francisco Carlos Palomanes Martinho/ Professor Associado do Departamento de História da USP

George Cabral/ Departamento de História da UFPE

Giovana Xavier/ Professora de História (Prática de Ensino) da Faculdade de Educação UFRJ/ Blog Preta Dotara na Primeira Pessoa/ Blog Conversa de Historiadoras

Isabel Guillen/ Departamento de História da UFPE

Iris Kantor/ Departamento de História da USP

Jaime Rodrigues/ Departamento de História UNIFESP

Juarez Silva Jr./ Ativista do Movimento Negro e Mestrando em História Social pela Universidade Federal do Amazonas (nessa ordem)

Juliana Gesuelli Meirelles/ Historiadora e Professora da PUC Campinas

Julio Claudio da Silva/ Departamento de História da UEA

Kátia Gerab Baggio/ Departamento de História na UFMG

Keila Grinberg/ Departamento de História da UNIRIO/Blog Conversa de Historiadoras

Laura Oliveira/ Departamento de História da UFBA

Leandro N. de Souza/ Doutorando em história social pela UFF

Leila Bianchi Aguiar/Departamento de História da UNIRIO

Lise Sedrez/ Professora no Instituto de História da UFRJ

Luís Eduardo de Oliveira/ Professor de História/ IFES Juiz de Fora

Luiz Alberto Grijó/ Departamento de História da UFRGS

Luiz Carlos Villalta/ Departamento de História da UFMG

Manoela Pedroza/ Professora no Instituto de História da UFRJ

Márcia Chuva/ Departamento de História da UNIRIO

Maria Regina Celestino de Almeida/ Departamento de História da UFF

Mariana Muaze/ Departamento de História da UNIRIO

Monica Lima/ Professora de História da África do Instituto de História da UFRJ/ Blog Conversa de Historiadoras

Nancy Assis/ Professora de História da Universidade Estadual da Bahia (UEB)

Paula Vermeersch/ Professora na Universidade Estadual Paulista Julio de Mesquista Filho (UNESP)

Paulo Cavalcante/ Departamento de História da UNIRIO

Paulo Pinheiro Machado/ Departamento de História da UFSC

Plínio Ferreira Guimarães/ Professor do Instituto Federal do Espírito Santo

Priscila Faulhaber/ Museu da Astronomia e Ciências Afins

Rafael Ioris/ Professor de História Latino-Americana na Universidade de Denver

Renan Siqueira/ Aluno do Programa de Pós-Graduação em História do Rio de Janeiro

Ricardo Salles/ Departamento de História da UNIRIO

Rodrigo Camargo de Godoi/ Estágio de Pós-Doutoramento em História da UNICAMP

Rodrigo De Azevedo Weimer/ Historiador na Fundação de Economia e Estatística do RGS

Silvia Petersen/ Professora do PPG da UFRGS (por email) / Prezada Hebe/ Quem escreve é Silvia Regina Ferraz Petersen, professora do Departamento de História da UFRGS, e ficaria muito agradecida se pudesses incluir meu nome em todas as manifestações de apoio que estás organizando para a Presidenta Dilma, com tantos colegas historiadores. Esta mulher forte e honesta tem que conhecer o quanto a estimamos e reconhecemos seu trabalho dedicado para a democratização da sociedade brasileira. Este golpe é uma vergonha! Fica Dilma! / Atenciosamente, Silvia Petersen.

Tania Bessone/ Departamento de História da UERJ

Tiago Gil/ Departamento de História da UNB

Wagner Teixeira/ Departamento de História da Universidade Federal do Triângulo Mineiro e Presidente da ANPUH/MG

Wilton Silva/ Departamento de História/ UNESP/ Campus Assis

Yuri Soares/ Professor de História da Secretaria de Educação do Distrito Federal

Wlamyra Albuquerque/ Departamento de História da UFBA

Ivana Lima (Casa de Rui Barbosa), com Alvaro Nascimento (UFRRJ), Gabriela Sampaio (UFBA), Lucilene Reginaldo (UNICAMP); Marcelo Balaban (UNB), Maria Clementina Cunha (UNICAMP), Martha Abreu (UFF), Silvia Lara (UNICAMP)// Fora Temer

AUTORES

Adriana Facina é professora no Museu Nacional, UFRJ.

Ana Flavia Magalhães Pinto é pesquisadora na Universidade Estadual de Campinas (UNICAMP).

Ana Flavia Cernic Ramos é professora na Universidade Federal de Uberlândia.

Anna Gicelle Garcia Alaniz é doutora em História pela USP e responsável pelo blog Compartilhando Histórias e pelo canal Cantinho da História no Youtube.

André Honor é professor da Universidade de Brasília.

André Machado é professor na Universidade Federal de São Paulo.

Beatriz G. Mamigonian é professora da Universidade Federal de Santa Catarina.

Carlos Fico é professor da Universidade Federal do Rio de Janeiro.

Caroline Silveira Bauer é professora na Universidade Federal do Rio Grande do Sul.

Hebe Mattos é professora da Universidade Federal Fluminense.

Henrique Espada Lima é professor da Universidade Federal de Santa Catarina.

Henrique Estrada Rodrigues é professor da PUC-RJ.

Fernanda Sposito é pesquisadora na Universidade Federal de São Paulo.

Fernando Nicolazzi é professor da Universidade Federal do Rio Grande do Sul.

Giovana Xavier é professora da Universidade Federal do Rio de Janeiro.

Glaucia Fraccaro foi coordenadora de Autonomia Econômica das Mulheres da Secretaria de Políticas para as Mulheres da Presidência da República. É doutoranda em História Social na Unicamp.

James N. Green é professor titular de História do Brasil na Brown University, diretor da Brown-Brazil Initiative e diretor Executivo da Brazilian Studies Association (BRASA).

Joana Monteleone é historiadora e pós-doutoranda na UNIFESP.

Kátia Gerab Baggio é professora da Universidade Federal de Minas Gerais.

Keila Grinberg é professora da Universidade Federal do Estado do Rio de Janeiro (UNIRIO)

Laurent Vidal é professor de história das Américas e do Brasil na Université de La Rochelle.

Laymert Garcia dos Santos é professor da Universidade Estadual de Campinas (UNICAMP)

Luiz Carlos Villalta é professor da Universidade Federal de Minas Gerais.

Luiz Felipe de Alencastro é professor da Escola de Economia da FGV/São Paulo.

Luiz Fernando Horta é historiador e mestre em Relações Internacionais. É doutorando na UnB.

Marcos Napolitano é professor na Universidade de São Paulo.

Martha Abreu é professora da Universidade Federal Fluminense.

Mônica Lima é professora da Universidade Federal do Rio de Janeiro.

Renan Quinalha é mestre em direito pela USP e está fazendo o doutorado em Relações Internacionais na mesma universidade.

Rodrigo Patto Sá Motta é professor da Universidade Federal de Minas Gerais.

Sidney Chalhoub é professor de História do Brasil na Harvard University.

Silvia Hunold Lara é professora da Universidade Estadual de Campinas (UNICAMP).

Suzette Bloch é jornalista.

Tânia Bessone é professora da Universidade do Estado do Rio de Janeiro (UERJ)

Wlamyra Albuquerque é professora da Universidade Federal da Bahia.

Esta obra foi organizada e impressa pela Assahí no grande inverno democrático de 2016, quando marchas pela legalidade tiveram de caminhar sobre as folhas secas e sob a paisagem inóspita de uma floresta outrora verdejante.